Didattica della fisica e differenza di genere, scuola primaria

Uno studio nella scuola primaria

Giarratano Giusy

Copyright © 2021 Giarratano Giusy
Copyright © 2021 Generis Publishing

All rights reserved. This book or any portion thereof may not be reproduced or used in any manner whatsoever without the written permission of the publisher except for the use of brief quotations in a book review.

Title: Didattica della fisica e differenza di genere, scuola primaria

Uno studio nella scuola primaria

ISBN: 978-1-63902-743-9

Author: Giarratano Giusy

Cover image: https://pixabay.com/

Publisher: Generis Publishing
Online orders: www.generis-publishing.com
Contact email: info@generis-publishing.com

A mia sorella e a mio fratello,

i miei instancabili sostenitori

Indice

Introduzione 9
Capitolo 1. La didattica della fisica nella scuola primaria 11
   1.1 La didattica della fisica 11
      1.1.1 La conoscenza comune e la conoscenza scientifica 12
      1.1.2 L' Inquiry Based Science Education 16
   1.2. La differenza di genere a scuola 17
      1.2.1 Le differenze biologiche nei maschi e nelle femmine 20
      1.2.2 Le differenze comportamentali nei maschi e nelle femmine 22
      1.2.3 I pregiudizi e gli stereotipi 23
      1.2.4 Le differenze di genere nei risultati scolastici 24
   1.3 Le differenze di genere in ambito scientifico 26
      1.3.1 Il soffitto di cristallo 28
      1.3.2 Strategie didattiche differenziate per genere 31
Capitolo 2. Le forze 35
   2.1 La meccanica 35
   2.2 Introduzione allo studio della cinematica 35
   2.3 Dinamica del punto: le leggi di Newton 36
      2.3.1 Principio di inerzia. Introduzione al concetto di forza 36
      2.3.2 Leggi di Newton 37
      2.3.3 Terza legge di Newton 39
      2.3.4 Risultante delle forze: l'equilibrio 39
      2.3.5 Azione dinamica delle forze 40
      2.3.6 Forza peso 41
      2.3.7 Le forze di attrito 41
Capitolo 3. L'intervento didattico 45
   3.1 La progettazione 46
Capitolo 4. La sperimentazione 81
   4.1 Il Campione di lavoro 81
      4.1.1 Il macrocontesto 81
      4.1.2 Il microcontesto: classe 2° 81
      4.1.3 Il microcontesto: classe 5° 82

4.2 Le domande di ricerca 83
4.3 La metodologia di ricerca e analisi dati 84
4.4 Il protocollo di intervista 85
4.4.1 Validazione del protocollo di intervista iniziale 86
4.4.2 Analisi delle interviste iniziali classe 2° 89
4.4.3 Analisi delle interviste iniziali classe 5° 94
4.5 Il pre-test 99
4.5.1 Validazione del pre-test 100
4.5.2 Risultati classe 2° 103
4.5.3 Risultati classe 5° 108
4.6 La sperimentazione in classe 113
4.6.1 Classe 2° 113
4.6.2 Classe 5° 140
4.7 Protocollo di intervista finale 167
4.7.1 Validazione del protocollo di intervista finale 167
4.7.2 Analisi delle interviste finali classe 2° 168
4.7.3 Analisi delle interviste finali classe 5° 172
4.8 Il post-test 176
4.8.1 Risultati classe 2° 176
4.8.2 Risultati classe 5° 180
4.9 Confronto pre/post test 184
4.9.1 Classe 2° 184
4.9.2 Classe 5° 189
4.10 Dalla conoscenza comune alla conoscenza scientifica 195
4.11 Le differenze di genere nella didattica della fisica 201
Conclusioni 207
Allegati 211
Bibliografia 219
Ringraziamenti 225

Introduzione

Tutti noi nasciamo esploratori e scienziati. Da bambini tutto ci incuriosisce, ci stimola e siamo spinti a conoscere e sperimentare. Poi, purtroppo, accade qualcosa nell'educazione e nell'ambiente in cui cresciamo che mina e limita la nostra naturale propensione originale alla scienza.

E così, nella consuetudine rinunciamo ad una parte di noi stessi.

Nel presente lavoro di tesi ho voluto attenzionare alcuni aspetti della didattica della fisica. Ho realizzato una progettazione e sperimentazione di un percorso didattico incentrato sulle forze, attraverso l'utilizzo della metodologia Inquiry Based Education, la quale si basa su un approccio di tipo costruttivista. Le classi di scuola primaria prese in esame sono due: una classe II ed una classe V del medesimo istituto.

Il percorso realizzato si snoda su due fronti strettamente collegati fra loro:

- da un lato sono state osservate le modalità attraverso cui è avvenuto il passaggio dalla cosiddetta conoscenza comune alla conoscenza scientifica degli studenti grazie all'utilizzo della metodologia Inquiry;
- dall'altro lato è stato mio interesse analizzare una delle variabili più importanti nell'apprendimento scolastico: la differenza di genere.

Oggi in ambito pedagogico, si parla proprio di educazione al genere, la quale riconosce come obiettivi primari la decostruzione delle strutture normative entro cui sono confinati i generi e la lotta agli stereotipi, ancora presenti nella nostra cultura, che condizionano scelte e modi di essere dei singoli. Nodo cruciale della ricerca condotta è di conseguenza comprendere quali siano le differenze che sussistono tra i due sessi nell'approccio e nello studio della fisica.

Esiste ancora il tradizionale svantaggio a carico del genere femminile? Se sì, a cosa può essere dovuto? Gli alunni sono consapevoli dei pregiudizi di genere che gravitano sulle discipline di tipo scientifico?

Questi sono solo alcuni degli interrogativi che hanno guidato la mia indagine.

Al contempo la sperimentazione è avvenuta, come specificato, in due classi distinte, per analizzare una seconda variabile: l'età. Si desiderano dunque analizzare le differenze emergenti tra alunni di 6/7 anni ed alunni di 9/10 anni che affrontano il medesimo percorso didattico; in che misura varia l'apprendimento?

In quale dei due contesti sono maggiormente presenti, laddove vi fossero, i pregiudizi di genere?

Per rispondere a questi interrogativi è stato necessario realizzare un percorso didattico molto vario; sono state utilizzate diverse strategie didattiche per andare incontro alle esigenze di bambini e bambine e sono state somministrate interviste semi-strutturate all'inizio e alla fine dell'intervento per raccogliere quanti più dati possibili dagli alunni in merito alle loro personali idee sulla differenza di genere.

Il lavoro antecedente alla sperimentazione riguarda lo studio condotto sulla letteratura che si è occupata di tali tematiche.

Nel primo capitolo vengono riportate varie informazioni sulla metodologia Inquiry e sugli studi di genere. In particolare, vengono citate le ricerche condotte sia in Italia che all'estero sulle differenze biologiche, comportamentali e scolastiche tra maschi e femmine. A tutt'oggi le scelte formative risultano essere diverse per genere. La vocazione delle ragazze per il settore umanistico e dei ragazzi per quello scientifico, lungi dall'essere una predisposizione naturale, è frutto di una serie di condizionamenti socioculturali e di stereotipi consolidati. Le conseguenze di queste differenze diventano disuguaglianze in quanto si ripercuotono sui ruoli professionali e socioeconomici.

Nel secondo capitolo vengono descritti gli argomenti trattati in classe; si tratta di accenni alla cinematica, la definizione di forza, le tre leggi della dinamica o leggi di Newton e le forze di attrito.

Nel terzo capitolo viene presentata la progettazione scolastica, riportando le finalità, i traguardi e gli obiettivi perseguiti.

Infine, nel quarto capitolo viene descritta dettagliatamente la sperimentazione avvenuta in entrambe le classi. Vengono altresì analizzate le interviste condotte ed i questionari di valutazione somministrati all'inizio e alla fine del percorso didattico, al fine di analizzare oggettivamente il passaggio avvenuto dalla conoscenza comune alla conoscenza scientifica.

Capitolo 1. La didattica della fisica nella scuola primaria

1.1 La didattica della fisica

Possiamo trasmettere competenze in fisica, chimica, scienze naturali, [..] senza riflettere sul metodo o sui metodi della scienza, sul ruolo delle teorie e delle osservazioni, sulla volontà di oggettività che la contrassegna, in breve su tutto quel lavoro epistemologico che è un po' l'ombra stessa (o la luce) della scienza? (F. Cambi, 2002).

La scienza nasce dalla curiosità e dal desiderio di spiegare i fenomeni della natura, cioè di capire come avvengono e da che cosa sono causati. Lo scienziato raccoglie informazioni, le organizza e cerca di trarne conclusioni utili per rispondere a domande che si è posto.

Troppo spesso l'insegnamento della fisica viene proposto basandosi sui libri di testo, nei quali sono esposti i risultati ai quali la scienza è pervenuta, senza lasciare alcun dubbio sulla loro validità. Tale metodo tradizionale conferisce al docente un ruolo di trasmissione dogmatica di informazioni e nozioni che l'alunno deve di conseguenza memorizzare in modo generalmente meccanico. Dall'altro lato invece si può pensare all'insegnamento della fisica, e delle scienze in generale, come un continuo lavoro di ricerca che procede per tentativi ed errori, per affrontare problemi nuovi o per rivedere criticamente ciò che è già stato appreso.

Le visioni tradizionali e magistrocentriche sono state messe in discussione nel corso dell'Ottocento e de Novecento, con un continuo succedersi di teorie psicologiche e pedagogiche in merito all'apprendimento, le quali hanno contribuito alla definizione di nuove metodologie didattiche e ad una visione puerocentristica, ponendo cioè al centro dell'insegnamento l'alunno e non più il maestro.

In particolare, il costruttivismo, sviluppatosi a partire dagli anni '50 con il lavoro dello psicologo statunitense George Kelly, mette in discussione la possibilità di una conoscenza "oggettiva", di un sapere che rappresenti fedelmente la realtà esterna. Il sapere non esiste indipendentemente dal soggetto che conosce, non può essere ricevuto in modo passivo ma risulta dalla relazione fra un soggetto attivo e la realtà.

Il costruttivismo è una teoria del soggetto che si autocostruisce integrando contemporaneamente i prodotti culturali e i processi mentali (Chiosso, 2018). La conoscenza è una soggettiva costruzione di significato a partire da una complessa rielaborazione interna di sensazioni, conoscenze, credenze, emozioni.

Per il costruttivismo l'apprendimento è un processo attivo di costruzione delle conoscenze. La lezione tradizionale perde così la sua centralità a favore dell'esperienza diretta, intesa come manipolazione e costruzione di oggetti, nonché fruizione e decostruzione di materiali e testi diversi.

Sull'onda costruttivista e delle proposte vygotskiane i costruttivisti sociali iniziano a sottolineare che la conoscenza si svolge sempre entro un contesto che la influenza e arricchisce. Il soggetto, agendo sull'ambiente circostante, elabora sistemi di organizzazione del reale e arricchimento cognitivo (Chiosso, 2018).

Il quadro di ricerca della didattica delle scienze sperimentali viene proprio dominato dal modello costruttivista dell'apprendimento.

L'osservazione dei fatti e lo spirito di ricerca dovrebbero caratterizzare un efficace insegnamento delle scienze e dovrebbero essere attuati attraverso un coinvolgimento diretto degli alunni incoraggiandoli, senza un ordine temporale rigido e senza forzare alcuna fase, a porre domande sui fenomeni e le cose, a progettare esperimenti/esplorazioni seguendo ipotesi di lavoro e a costruire i loro modelli interpretativi (Indicazioni Nazionali per il Curricolo, 2012).

La fisica è una scienza sperimentale, educare alla fisica significa perciò non solo sviluppare conoscenza e comprensione delle leggi fisiche ma anche capacità osservative e operative e, più in generale comportamenti e attitudini scientifiche (D. Allasia & V. Montel & G. Rinaudo). Per tale motivo è necessario promuovere l'educazione alle scienze sperimentali fin dall'età precoce, favorendo così lo sviluppo di comportamenti, attitudini, capacità osservative e operative.

Le Indicazioni Nazionali per il Curriculo del 2012 sottolineano l'importanza di predisporre percorsi con un costante riferimento alla realtà, attraverso esperienze concrete da realizzare in aula o in spazi adatti come il laboratorio scolastico o spazi naturali raggiungibili.

1.1.1 La conoscenza comune e la conoscenza scientifica

Un docente, però, non può pensare che l'apprendimento dei propri studenti inizi a scuola.

Il processo di costruzione di conoscenza di un essere umano inizia fin dalla nascita, se non prima, ed è un processo spontaneo attraverso il quale ogni individuo raccoglie esperienze dal mondo naturale e informazioni dalla comunità sociale in cui vive e le organizza in schemi e modelli di realtà (Vicentini & Mayer, 1999).

Ciascuno quindi acquisisce nel corso degli anni diversi livelli di conoscenza comune, la quale è dotata di stabilità fin quando nuove esperienze o nuove informazioni non mettono in crisi gli schemi esistenti. Quest'ultimi non hanno un carattere omnicomprensivo, ma ognuno di essi ha un campo di applicazione delimitato e una specifica funzionalità, determinata dalla relazione tra l'organismo e l'ambiente circostante.

La conoscenza comune dunque è l'insieme di conoscenze non trasmesse esplicitamente su cui si basa il vivere quotidiano (Vicentini & Mayer, 1999). Ha uno sviluppo per così dire ontogenetico che affonda le radici nell'individuo stesso e nella cultura di appartenenza. Il linguaggio della conoscenza comune generalmente presenta una ridondanza di significati in cui va ricercato quello adatto al contesto specifico.

L'inserimento di nuovi elementi di conoscenza negli schemi della conoscenza comune può avvenire naturalmente, senza problemi oppure richiedono una modifica della rete. Sicuramente però, esistono momenti di sistemazio-ne parziale della conoscenza stessa.

Spesso contrapposta alla conoscenza comune, si trova la conoscenza scientifica: in essa non troviamo più il singolo individuo, ma il protagonista è l'individuo scienziato (o la comunità scientifica) che raccoglie informazioni, dati sperimentali dal mondo naturale, dagli artefatti del laboratorio e dalla comunità sociale in cui viene distinta la sub comunità costituita dagli scienziati operanti nello stesso settore. La relazione tra lo scienziato e il mondo naturale/comunità scientifica non è più unidirezionale, ma bidirezionale; ricava informazioni ma allo stesso tempo produce artefatti che allargano il mondo del laboratorio. La conoscenza scientifica o formale è un intervento pianificato imposto dalla scuola.

Il linguaggio della conoscenza scientifica è preciso ed univoco; spesso vi è una continua osmosi tra i due tipi di linguaggio, in quanto quello comune si appropria delle parole scientifiche attribuendo loro una varietà di possibili significati, e il linguaggio scientifico usa parole comuni attribuendo loro un solo significato.

Oltre al linguaggio si possono individuare altre caratteristiche che distinguono i due tipi di conoscenza: nella conoscenza comune la validità degli schemi di conoscenza della realtà avviene per lo più implicitamente, nella comunità scientifica la validità degli schemi deve essere provata attraverso critiche e verifiche incrociate.

Generalmente si viene a creare quasi un conflitto tra i due tipi di conoscenza; gli schemi interpretativi della fisica ingenua ricevono una continua conferma dalle esperienze di vivere quotidiano e ciò li rende più forti e credibili agli occhi del soggetto. In realtà ciò che è veramente importante è imparare ad utilizzare le conoscenze adeguate nel contesto adeguato. È il contesto che permette di stabilire se gli schemi di conoscenza sono appropriati e legittimi. Ad esempio anche un fisico, in una conversazione quotidiana con un amico o un parente, può pronunciare frasi come "esponiti al calore della stufa", ma in una lezione di termodinamica non utilizzerà mai la parola "calore" in questo modo.

Nell'apprendimento della fisica però si viene a creare il problema della somiglianza/differenza fra le strategie di costruzione della conoscenza comune e le strategie usate per la costruzione della conoscenza scientifica.

Gli studenti dunque arrivano a scuola con rappresentazioni mentali già costruite riguardo la realtà fisica; si tratta di schemi concettuali che raramente sono esplicitati ma, nonostante questo, orientano la percezione stessa della realtà. Tali "teorie ingenue" sulla realtà vengono utilizzate come cornici interpretative fin quando non vengono smentite. Sono proprio le esperienze di vita quotidiana che costituiscono la base esperienziale su cui si fondano le teorie scientifiche ma a volte gli schemi di conoscenza spontanea degli studenti, pur basandosi sulla stessa base esperienziale, differiscono tra loro e possono provocare errori di comprensione.

L'apprendimento diventa un processo di modifica e ristrutturazione di questi schemi rappresentativi a contatto diretto con la realtà, mediante un progressivo adeguamento delle strutture cognitive che si rivelano inadeguate alle nuove situazioni che si presentano.

Nella prospettiva di un apprendimento significativo i due diversi tipi di conoscenza devono integrarsi, ma non sempre ciò capita; a volte infatti può realizzarsi un rifiuto totale. Generalmente le persone tendono a mantenere le proprie credenze fin quando ciò è possibile, finché esse sono compatibili fra loro.

Si parla di un vero e proprio cambiamento concettuale, il quale implica inevitabilmente anche un cambiamento nell'atteggiamento verso gli altri, se stessi, i fatti della vita.

Watzlawick ha analizzato il problema del cambiamento nel contesto psicologico, individuando due livelli di cambiamento. Il primo coinvolge essenzialmente gli aspetti cognitivi in quanto avviene nel momento in cui si aggiungono nuovi elementi di conoscenza ma non avviene nessuna alterazione delle regole interne del sistema. Il secondo livello di cambiamento riguarda invece il cambiamento delle regole del sistema e richiede il passaggio ad un livello superiore, ad un metalivello. È necessario in questo caso cambiare completamente la prospettiva.

È possibile però individuare un terzo tipo di cambiamento, quello in cui avviene una modifica sostanziale del sistema di credenza. In esso diventano centrali le componenti affettive del soggetto ed è il cambiamento più difficile e raro.

L'apprendimento deve condurre a diversi tipi di cambiamento: dal semplice arricchimento di uno schema alla costruzione di nuovi adatti a nuovi contesti.

Per molto tempo, e purtroppo alcuni insegnanti lo pensano tuttora, è stata diffusa la convinzione che per far imparare la conoscenza scientifica, sia necessario disimparare la conoscenza spontanea, in quanto ad essa viene attribuito un carattere di falsità ed alla conoscenza scientifica di verità universale. Al contrario invece, l'obiettivo che un docente deve porsi è sempre quello di partire dai modelli già costruiti dai bambini e far convivere i due tipi di conoscenza.

Il cambiamento concettuale deve allora assumere un nuovo ed importante significato: con queste parole di intende costruzione di uno schema di conoscenza che sia in grado di contenere sia gli schemi di conoscenza spontanea sia gli schemi di conoscenza scientifica e la definizione delle rispettive regole d'uso in relazione ai contesti di azione (Vicentini & Mayer, 1999).

La nuova conoscenza deve soddisfare alcune precise caratteristiche per il soggetto: quest'ultimo deve essere in grado di riconoscerne la validità, esplicativa o predittiva, gli deve permettere di risolvere problemi precedentemente non risolvibili e deve essere comprensibile.

Ogni insegnante dovrebbe dunque riflettere sugli schemi interpretativi con cui gli alunni giungono a scuola, differenti da studente a studente, e sui processi che chiede ad essi di mettere in atto per accettare gli schemi scientifici. Il suo compito è infatti quello di accertare tali preconoscenze spontanee, farne emergere l'eventuale inadeguatezza (conflitto o spiazzamento cognitivo), per ristabilire l'equilibrio mediante ipotesi e tentativi, fino a elaborare una nuova struttura interpretativa coerente e più vicina a quella socialmente condivisa.

1.1.2 L'Inquiry Based Science Education

Nel presente progetto di ricerca realizzato è stata utilizzata la didattica "Inquiry Based Science Education", le cui basi metodiche devono proprio essere ricercate nella pedagogia costruttivista. Una definizione abbastanza comune in letteratura è quella data da Linn et al. (2004): "L'Inquiry è un processo intenzionale di diagnosi di problemi, analisi critica di situazioni, distinzione tra varie possibili alternative, pianificazione di attività di studio ed esplorazione, costruzione di congetture, ricerca di informazioni, costruzione di modelli, confronto in un contesto fra pari ed elaborazione di argomentazioni coerenti".

Per Inquiry si intende, quindi, un processo di esplorazione attiva. Tramite esso vengono messe in atto abilità critiche, logiche e creative per porre domande su situazioni di interesse specifico e impegnarsi a dare risposte a tali domande. Il processo di "Inquiry" aiuta a mettere in relazione le conoscenze pregresse con le nuove esperienze, a modificare e accomodare le idee preconcette e i modelli concettuali e a costruire nuova conoscenza (Douglas Llewellyn, 2002). In essa si fa esplicito riferimento alla modalità tipica seguita dagli scienziati per fare ricerca, definita come un "Ciclo di indagine". Secondo Bybee (1993) è possibile individuare un modello composto da 5 E, ognuna delle quali corrisponde ad una specifica fase. Nella fase "Engage" il docente e/o gli studenti [..] impostano l'ambiente di apprendimento, in modo da intercettare il più possibile l'interesse degli studenti e generare curiosità e interesse sull'argomento che sarà oggetto di studio (Bybee, 1993). Nella fase "Explore" gli studenti cercano informazioni, si pongono domande, sviluppano ipotesi da sottoporre a verifica, raccolgono dati. La fase "Explain" è quella durante la quale gli studenti costruiscono modelli (descrittivi o esplicativi), discutono i risultati tra di loro e con il docente e imparano a comunicare ciò che hanno imparato (Bybee, 1993). "Extend" è il momento nel quale gli studenti arricchiscono i concetti e le idee che hanno sviluppato in precedenza, costruiscono relazioni con altri concetti e idee attinenti ai primi e cercano di applicare la loro comprensione a fenomeni diversi, generalizzando la loro comprensione (Bybee, 1993). La fase "Evaluete" deve invece essere effettuata durante tutto il percorso, in quanto valutazione del proprio operato. Implica la capacità da parte degli studenti di analizzare, giudicare e valutare il proprio operato, anche confrontandolo con ciò che è stato svolto dai compagni (Bybee, 1993).

R. Hawkey (2001) ha aggiunto una quinta fase, denominata "Exchange", prevede la progettazione e lo sviluppo da parte degli studenti di un exhibit scientifico. In questa fase verranno applicate nuovamente le procedure viste in precedenza (porre domande, costruire argomentazioni e spiegazioni, analizzare opzioni alternative sulla base dei risultati, comunicare argomenti scientifici), in modo da trasformare la Scienza da prodotto a processo (Hawkey 2001) e rendere massimo l'effetto sul loro stesso apprendimento.

Così come l'Indagine Scientifica è finalizzata a dare risposte alle domande che gli scienziati si pongono, l'apprendimento delle Scienze basato sull'Indagine Scientifica è finalizzata a far si che gli stessi discenti possano costruire risposte alle loro domande, tramite una metodologia scientifica parimenti chiara e rigorosa (Fazio Claudio, 2019).

Rispetto alla didattica tradizionale, nella didattica basata sull'indagine scientifica cambia radicalmente il ruolo degli studenti; danno particolare importanza all'evidenza sperimentale e usano quest'ultima come punto di partenza per la costruzione di spiegazioni sul funzionamento dei fenomeni naturali; costruiscono modelli finalizzati a dare risposta a domande orientate scientificamente e, facendo ciò, costruiscono abilità cognitive di alto livello.

1.2. La differenza di genere a scuola

Il processo di apprendimento-insegnamento deve però tenere conto di numerose variabili legate alla complessità dei fenomeni e dei contesti educativi presenti nella società contemporanea (Sicurello, R. 2015). Le ricerche e gli studi degli ultimi decenni evidenziano che gli elementi che più influiscono sulla carriera scolastica sono le differenze legate al sesso, il contesto socio-familiare, il gruppo etnico di appartenenza e il tipo di scuola frequentato.

In questa sede si pone l'attenzione proprio sulla differenza di genere; esse persistono ancora sia nei risultati scolastici che nella scelta dei percorsi di studio, come dimostrano le indagini a larga scala sugli apprendimenti nella scuola primaria, sia quelle nazionali dell'Invalsi sia quelle internazionali della IEA (Zanniello G., 2015).

Quel ramo della pedagogia che riflette su tali tematiche si definisce *Pedagogia di genere*.

Essa mira a rilevare ed eliminare i condizionamenti di genere che offrono un'immagine stereotipata di bambine e bambini e a promuovere una riflessione sulla dimensione di genere in tutti i contesti formativi per anticipare questioni e proporre strumenti e metodi per combattere stereotipi, pregiudizi sessisti, omofobia e tutto ciò che è legato alle problematiche inerenti al genere.

La didattica della fisica non può esimersi da una riflessione profonda sul tema della differenza di genere a scuola. Oggi più che mai infatti, un insegnante deve tenere conto delle differenze esistenti tra bambini e bambine nell'apprendimento scolastico: essi studiano, interagiscono, comunicano, apprendono e in modo differente.

Maschi e femmine giungono con un bagaglio di conoscenze diverse, frutto di esperienze e interessi diversi. Nel cammino che vede gli studenti impegnati a muoversi in direzione del cambiamento concettuale, è importante attenzionare la differenza di genere, analizzare quali differenze sussistono, quale genere risulta essere più ancorato ai propri schemi interpretativi e quale invece riesce con più facilità a costruirne di nuovi.

La didattica differenziata per genere favorisce un apprendimento realmente personalizzato, che pur rivolgendosi ad un gruppo classe, rispetti le peculiarità del singolo studente. Le diversità, infatti, che contraddistinguono i maschi e le femmine, soprattutto nell'età preadolescenziale, richiedono diversi approcci, modalità didattiche adeguate che tengano conto degli specifici aspetti intellettuali come di quelli affettivi [...] (Cappuccio, 2003, 2009, 2014)

Oggi la riflessione sul genere è molto più complessa e profonda rispetto al passato; tale differenza caratterizza in modo consistente la vita quotidiana degli esseri umani, spesso in modo involontario.

L'esperienza degli insegnanti mostra immediatamente come la differenza tra maschi e femmine in campo educativo sia più che evidente: ragazze e ragazzi si comportano, si approcciano allo studio, alle persone, alla vita circostante in modo diverso. Spesso gli alunni sono meno ordinati ed attenti rispetto alle compagne, mostrano una difficoltà maggiore nel rimanere seduti per ore nei propri banchi. Gli insegnanti tendono ad interpretare l'energia maschile e la costante necessità di movimento da parte dei bambini come un cattivo comportamento; ciò può portare a frustrazione e demoralizzazione per gli alunni.

Al contrario le ricerche dimostrano come le bambine si impegnano maggiormente nello studio, al quale dedicano più tempo dei coetanei. I maschi sono meno propensi a studiare se non trovano gli argomenti interessanti (Sax, 2005), sono meno autonomi, hanno una motivazione più strumentale e soprattutto un atteggiamento tendenzialmente più negativo nei confronti dell'istituzione scolastica. Essi privilegiano le attività didattiche competitive e basate sul movimento fisico; i compiti sfidanti e dinamici spronano maggiormente i maschi e li coinvolgono interamente. Le alunne invece mostrano una maggiore autodisciplina e autoregolazione, favorendo un atteggiamento positivo nei confronti della scuola. Esse privilegiano i lavori di gruppo in quanto sono più propense alla collaborazione, come il cooperative learning e il role-playing.

Le differenze comportamentali tra i due generi sono spesso evidenti agli occhi di insegnanti e genitori, ma non sono le uniche esistenti. Risulta dunque necessario comprendere se esistono e quali possono essere le difficoltà diverse che alunni ed alunne incontrano nelle discipline scolastiche.

Gli studi hanno dimostrato che esiste un evidente divario tra i risultati ottenuti da maschi e femmine nel campo matematico-scientifico e in quello linguistico. Le studentesse incontrano maggiori difficoltà nelle materie scientifiche e, secondo uno studio di Ursula Kessels and Bettina Hannover (2008), ciò è dovuto alla scarsa percezione che le ragazze hanno di sé e delle proprie abilità. All'opposto i maschi incontrano maggiori difficoltà nell'ambito linguistico e verbale.

Questo breve panorama mostra con evidenza come un insegnante non può e non deve trascurare questa grande variabile. Oggi la didattica si muove sempre di più nell'ottica di un'educazione personalizzata, che possa realmente rivolgersi al singolo alunno e favorire lo sviluppo di competenze spendibili; in tal senso non si può ignorare il grande ruolo svolto dal genere. Essa non è soltanto una variabile con la quale confrontarsi, ma rappresenta la dualità originaria (Stein, 1957, 65) con cui l'essere umano si presenta al mondo (Donati, 2007). Insieme al background familiare, alla classe sociale e al gruppo etnico di appartenenza, il genere si definisce come l'elemento che influisce di più sui destini scolastici di alunni ed alunne (Schizzerotto, & Barone, 2006).

La considerazione delle differenze sessuali permette agli insegnanti di comprendere meglio le difficoltà incontrate dagli alunni e dalle alunne nel lavoro scolastico e di trovare insieme a loro le strategie più idonee per superarle. Prendere in considerazione questi aspetti da un punto di vista didattico non aiuta solo a favorire e a valorizzare un'equa partecipazione di studenti e studentesse alla vita scolastica, ma rende attenti i/le docenti a non sedimentare e legittimare, anche involontariamente, determinati stereotipi presenti in società in relazione ai ruoli femminili e maschili (Ferrotti C., 2015). Prendere coscienza delle sostanziali differenze cognitive e comportamentali di alunni ed alunne consente di realizzare un percorso didattico che favorisca l'educazione alla diversità è che vada incontro alle esigenze degli studenti.

Sono tantissime le ricerche che indagano in questo campo e permettono di comprendere con sempre maggiore chiarezza le modalità con le quali maschi e femmine si approcciano diversamente al mondo scolastico.

1.2.1 Le differenze biologiche nei maschi e nelle femmine

È opportuno analizzare le differenze biologiche, cognitive e comportamentali nei maschi e nelle femmine.

Molti studi dimostrano che esistono delle differenze morfologiche tra il cervello femminile e quello maschile, il che dà vita a sostanziali differenze nei comportamenti e nelle espressioni delle abilità cognitive. Incidono in modo diretto non solo sullo sviluppo affettivo e relazionale degli alunni, ma anche sul loro modo di apprendere (Compagno & Di Gesù, 2013).

Il cervello delle donne ha un peso medio inferiore a quello degli uomini e sembra essere più simmetrico. Gli emisferi destro e sinistro sono sostanzialmente gli stessi, ciò che cambia principalmente sono le connessioni tra i neuroni. Gli studi dimostrano che nel cervello maschile i circuiti neuronali mostrano maggiori connessioni di tipo intra-emisferico, mentre nelle femmine le connessioni più marcate sono di tipo interemisferiche, cioè tra l'emisfero destro e quello sinistro. Ciò porta a conseguenze rilevanti: il pensiero femminile è di tipo interconnesso o a rete, interconnette i singoli elementi e porta ad analizzare la realtà in modo globale, attraverso una prospettiva ampia. L'azione che scaturisce da questo tipo di pensiero è un'azione multipla, cioè porta a fare più cose contemporaneamente. Il pensiero maschile, al contrario, è definito settoriale o a blocchi, in quanto tende ad analizzare i singoli elementi volta per volta, osservando la realtà nelle sue singole parti.

I due cervelli dunque sembrano essere sostanzialmente uguali ma si differenziano nel modello d'organizzazione. In particolare le ricerche hanno evidenziato che esiste un'area del cervello nella donna che appare più voluminosa e attiva rispetto all'uomo; si tratta della corteccia frontale dorsolaterale, che sovrintende ai processi di memoria a breve termine ed è collegata con le cosiddette aree "limbiche", quelle cioè che sono la sede dell'emotività. Ciò sembra spiegare come mai le donne siano più emotive e con una maggiore capacità di dimostrare affetto, mentre i ragazzi hanno più difficoltà ad esprimere i propri sentimenti ed emozioni.

Ad accentuare le diversità comportamentali legate alla loro struttura cerebrale, come riporta Cavallin (2009), interviene un altro fattore e cioè l'azione che gli ormoni esercitano quali attivatori o inibitori dell'espressione dei geni. Questo spiegherebbe perché ad esempio i maschi possiedono migliori abilità spaziali e una maggiore frequenza di comportamenti competitivi all'interno dei gruppi di appartenenza, mentre nelle femmine si determina una maggiore capacità di socializzare e di contenere i conflitti (Ferrotti C., 2015).

Le differenze nell'organizzazione del cervello possono spiegare la migliore abilità delle femmine nel linguaggio, sia orale che scritto. Esse lo acquisiscono prima rispetto ai ragazzi e mostrano un vantaggio in termini di abilità verbali. Le donne godono di un vocabolario più ampio, una produzione del linguaggio più precisa e una maggiore fluidità verbale (Kolb, &Whishaw, 2001; Sommer et al., 2004; Pinker, 2007; Mildner, 2008).

Diversi studi hanno dimostrato invece che, già a partire da 3-6 mesi, i ragazzi hanno più responsività nell'emisfero destro considerato il centro delle competenze spaziali. La maggior parte degli studi sulle immagini cerebrali e sulle attività comportamentali confermano che i ragazzi, nel complesso, hanno abilità spaziali più avanzate (Ferrotti, 2015).

Ancora una volta queste informazioni possono rivelarsi preziose per un insegnante che, nel momento in cui realizza un'attività didattica, deve avere la piena consapevolezza di quelli che sono i punti di forza e di debolezza da potenziare nei propri alunni.

Ad esempio, sulla base di due esperimenti svolti da un gruppo di psicologi inglesi (Stoet et al, 2013) dell'università di Glasgow e dell'università di Hertfordshire, gli uomini sono più lenti e meno organizzati delle donne quando devono passare da un'attività ad un'altra. Il cervello di queste ultime sembra essere più veloce nel trovare soluzioni in un tempo prestabilito e limitato; questa differenza è particolarmente rilevante nella fase preadolescenziale e adolescenziale. Si tratta di un dato da tenere in considerazione soprattutto durante le prove a tempo, spesso molto frequenti a scuola. Gli insegnanti dunque dovrebbero valutare gli alunni anche in situazioni in cui il tempo non è una variabile fondamentale.

1.2.2 Le differenze comportamentali nei maschi e nelle femmine

Le differenze tra maschi e femmine però non si limitano al campo biologico. A livello comportamentale infatti sono davvero tante le caratteristiche che distinguono uomini e donne. La caratteristica maggiormente evidente è sicuramente la sensibilità, prerogativa del genere femminile. Si può affermare che godono di una maggiore emotività ma allo stesso tempo hanno più difficoltà a gestire le situazioni che generano stress. I ragazzi al contrario gestiscono meglio l'ansia, mostrano una buona capacità di gestione dei problemi. Sono inoltre più riservati, hanno maggiori difficoltà rispetto alle ragazze ad esprimere i propri sentimenti e le proprie emozioni (Zaidi, 2010; Zanniello, 2010; Calvo Charro, 2009).

Le ragazze si alzano meno spesso in classe, sono più ordinate e riescono a concentrarsi più facilmente; i ragazzi tendono a mettere in atto comportamenti aggressivi con più frequenza rispetto alle femmine. Probabilmente i maggiori livelli di testosterone, associati a più alti livelli di dopamina e a più bassi livelli di serotonina spingono i ragazzi a sfogarsi fisicamente (Gurian, 2006, 137).

Attenzione però, ciò non vuol dire che le donne non mettano in atto comportamenti aggressivi. Queste ultime sono meno frequenti a ricorrere alle aggressioni fisiche ma, all'opposto, utilizzano mezzi come la manipolazione, l'esclusione e il pettegolezzo; si tratta di un'aggressione a livello psicologico e non verbale.

Un altro importante indicatore delle differenze tra maschi e femmine risiede nella percezione che essi hanno di se stessi. Le alunne mostrano spesso di avere un'immagine di sé non conforme alla realtà; si sottostimano, sono più insicure e fragili, manifestando il bisogno di approvazione da parte degli adulti. I maschi invece non fanno derivare la propria autostima da persone terzi ma dalle proprie capacità. Avviene il processo inverso, secondo il quale spesso sovrastimano le proprie competenze.

Questo breve quadro mostra quanto davvero i due generi siano diversi e allo stesso tempo complementari; non si possono infatti ignorare le profonde differenze esistenti tra donne e uomini, all'opposto si può e si deve farne tesoro per realizzare un'educazione alla diversità, valorizzando gli alunni e le alunne per le loro specifiche caratteristiche.

Le basi biologiche dunque non sono sufficienti a spiegare in toto le profonde differenze esistenti tra maschi e femmine.

1.2.3 I pregiudizi e gli stereotipi

Stereotipi e pregiudizi culturali caratterizzano ogni cultura e quindi ogni società.

Lo stereotipo può essere generalmente definito come: «insieme coerente e abbastanza rigido di credenze negative che un certo gruppo condivide rispetto a un altro gruppo o categoria sociale» (Mazzara, 1997). È importante sottolineare che lo stereotipo nasce da un processo di semplificazione cognitiva della realtà che però non avviene né in modo accidentale né per una scelta arbitraria individuale, ma secondo delle modalità culturalmente stabilite: «gli stereotipi fanno parte della cultura del gruppo e come tali vengono acquisiti dai singoli e utilizzati per una efficace comprensione della realtà» (Ibid). Più nello specifico gli stereotipi di genere si rivelano come dei sistemi di credenze e concezioni relativi all'identità maschile e femminile in relazione a caratteristiche di personalità, tratti comportamentali e attitudini che si ritiene siano riferibili al maschile e al femminile (Taurino 2005).

Il contesto sociale di appartenenza e la famiglia nella quale nasciamo e cresciamo sono indubbiamente il nostro punto di partenza per affacciarci al mondo, dai quali apprendiamo un modo di interpretare la realtà circostante. Sono spesso gli adulti che finiscono per convincere i bambini che esistono attività e caratteristiche specifiche per i maschietti ed altre specifiche per le femminucce. Tutto ciò può portare quest'ultimi a sentirsi non adatti allo svolgimento di particolari attività. È così la maggior parte delle bambine finisce per non giocare a calcetto ad esempio, anche se interessata a questo particolare sport ed un bambino non viene iscritto a danza nonostante nutra questa passione.

Fin dai primi anni di vita i bambini iniziano a comprendere inconsciamente l'esistenza di particolari differenze tra maschi e femmine: il rosa, le bambole, i film romantici per le bambine e il blu, le macchinine, le costruzioni, i film d'avventura per i maschietti. Quante volte i maschietti si sentono ripetere che devono essere forti, non piangere e non comportarsi come una femminuccia!

Sia chiaro, molti bambini possono trovarsi a proprio agio con i colori ed i giochi dati dai grandi ma è la scelta e la possibilità di amarne altri che deve essere preservata e coltivata. Ecco dunque che spesso i genitori finiscono per limitare le potenzialità dei propri figli; senza accorgercene, discriminiamo quello che sono, viene detto loro cosa dovrebbero essere per farci felici. Il ruolo di un adulto è quello di stimolare le potenzialità di un bimbo, non tanto con "gioca con questo, vestiti così!" ma più con "guarda cosa può piacerti, scegli, io ci sono".

I pregiudizi esistenti e trasmessi volontariamente e involontariamente possono influenzare anche l'andamento scolastico degli alunni e l'autostima che essi hanno di sé. Secondo diversi studi le ragazze mostrano maggiori difficoltà nelle discipline scientifiche e ciò potrebbe essere dovuto proprio al pregiudizio secondo il quale la matematica sia una prerogativa maschile. A cinque anni lo stereotipo di genere non esiste ancora nei bambini, ma già a sei anni inizia ad essere presente in maniera inconscia e sono soprattutto le bambine a sopportarne il peso; esse iniziano proprio a sottostimare le proprie capacità rispetto ai bambini intorno a questa età.

Le credenze relative al ruolo di genere possono, di fatto, influenzare la motivazione che spinge verso differenti scelte formative o professionali.

Gli insegnanti svolgono un ruolo di primaria importanza in questo senso, in quanto hanno la possibilità di screditare o potenziare i pregiudizi di genere che osserviamo quotidianamente. Essi hanno il compito di far maturare negli alunni la consapevolezza del diverso modo di apprendere di maschi e femmine, aiutandoli a sviluppare al massimo le proprie potenzialità ed a raggiungere i medesimi risultati, seppur attraverso modalità differenti.

1.2.4 Le differenze di genere nei risultati scolastici

Oggi in Italia sono moltissime le ricerche che cercano di comprendere in che modo i due generi si approcciano diversamente allo studio, delineando un quadro quanto più specifico da mettere a disposizione degli insegnanti.

I docenti tendenzialmente interpretano l'energia maschile e la costante necessità di movimento da parte dei bambini come un cattivo comportamento (Sicurello R.,2015). È come se cercassero di realizzare una scuola basata sul modello femminile, in cui tutti gli alunni rimangono seduti nei propri banchi ad ascoltare la lezione, parlano a bassa voce e non fanno confusione.

Rispetto al passato, questa cattiva abitudine appare meno frequente, ma sono ancora tantissimi gli insegnanti che utilizzano unicamente lezioni di tipo frontale, senza utilizzare strategie didattiche diverse e innovative che valorizzano l'alunno come il vero attore e protagonista del processo di apprendimento.

Le ricerche internazionali in campo educativo rilevano un forte abbassamento del rendimento scolastico da parte degli alunni maschi (Ruble, 1993; Feingold, 1994; Dwyer, & Johnson, 1997; Fischer, 2003; Cahill, 2005). Essi riportano più spesso insuccessi scolastici rispetto alle coetanee e quindi abbandonano gli studi con maggiore frequenza.

I motivi di quella che oggi viene definita "crisi del maschio" sono diversi. In prima istanza, la già citata tendenza da parte degli insegnanti a uniformare la didattica su una base femminile; i ragazzi finiscono per considerare lo studio come una "roba da secchioni".

Spesso a scuola si tende ad ignorare il fatto che i maschi, nel loro processo di apprendimento, hanno bisogno di un'autorità che li possa guidare e dia loro un senso di disciplina: si dimentica che ai bambini e ai ragazzi piacciono attività basate sulla competitività, sulla tensione e sul senso di sfida (Zanniello, 2010a).

L'insuccesso maschile può essere inoltre collegato alla scarsa presenza di figure maschili all'interno del mondo scolastico, in particolar modo alla scuola primaria. Tutto ciò contribuisce ancora di più a rafforzare l'immagine di un'istituzione basata sul modello femminile.

È pur vero che molte ricerche attestano che gli insegnanti in classe interagiscono di più con gli alunni maschi, proprio perché quest'ultimi risultano più problematici rispetto alle alunne. La quantità di tempo dedicata loro però non implica di per sé un rendimento scolastico superiore.

Differenze sostanziali dividono alunne ed alunni anche per quanto concerne la motivazione e l'atteggiamento verso la scuola. Le prime sono maggiormente positive e propense a studiare, sono spinte principalmente da motivazioni di tipo intrinseco e sono più sensibili alle valutazioni quantitative delle loro prestazioni.

I ragazzi invece si riconoscono maggiormente in motivazioni di tipo strumentale, mostrano un atteggiamento più negativo nei confronti dello studio e sono meno sensibili alle valutazioni degli insegnanti. Vorrebbero che tutto ciò che studiano abbia una ricaduta immediata nella vita quotidiana. In generale dunque si impegnano di meno nello studio rispetto alle ragazze.

Ancora una volta è opportuno ricordare come questi dati possono variare molto a seconda del contesto sociale di appartenenza.

Entrando nel merito delle discipline scolastiche, è possibile osservare come maschi e femmine incontrino difficoltà diverse.

In ambito linguistico le femmine ottengono quasi sempre risultati migliori: acquisiscono il linguaggio prima dei ragazzi, così come le competenze di lettura e scrittura (da 12 a 24 mesi prima), hanno una maggiore fluidità verbale e preferiscono di più leggere.

Alcuni studi (Kimura, 2000; Howell, Davis, & Williams, 2008; Burman, 2008a; 2008b; Burman, Bitan, & Booth 2008) hanno una maggiore attività cerebrale in diverse aree in cui risiedono le funzioni linguistiche come il giro frontale inferiore su entrambi i lati del cervello (una delle zone più coinvolte nell'analisi semantica delle parole) o il giro temporale superiore su entrambi i lati del cervello (una zona particolarmente coinvolta nell'analisi fonologica delle parole).

Oggi però il divario nella lettura si assottiglia sempre di più, probabilmente grazie all'utilizzo dei videogiochi che impongono la lettura delle istruzioni e grazie ai nuovi social in cui i bambini trascorrono parte del loro tempo comunicando proprio attraverso il linguaggio scritto.

Le ragazze mostrano un vantaggio nei processi sequenziali e nella percezione-gestione degli eventi che si susseguono nel tempo, come ad esempio la concatenazione logica del pensiero; al contrario i ragazzi mostrano una maggiore sicurezza nell'elaborazione visiva e nella percezione delle immagini, nella loro organizzazione spaziale nonché nella percezione globale e complessiva degli stimoli (Sicurello R.,2015).

Questi dati confermano come maschi e femmine, fin dalla tenera età, non percepiscono le informazioni allo stesso modo.

Le alunne riescono inoltre a collegare con più facilità le nuove informazioni con quelle che già posseggono, utilizzano più spesso schemi e mappe per affrontare lo studio; i maschi hanno invece bisogno che qualcuno li aiuti a collegare le informazioni per poi giungere ad un quadro chiaro di quanto appreso. Allo stesso tempo manifestano una maggiore capacità di razionalizzazione degli elementi complessi (Ferrotti C., 2015).

1.3 Le differenze di genere in ambito scientifico

Il divario di genere nelle scienze, in termini di superiorità del rendimento dei maschi sulle femmine, risulta essere presente fin dalla scuola primaria.

Gli studi dimostrano inoltre che i ragazzi e le ragazze arrivano a scuola con diverse esperienze attinenti all'ambito scientifico e che la socializzazione delle esperienze stesse a scuola favorisce un interesse più o meno strutturato verso le diverse attività scientifiche (Adamson et al., 1998; Farenga & Joyce, 1999). A ciò si aggiunge un altro fattore: mentre i ragazzi tendono ad essere attratti dalle attività scientifiche che comportano la manipolazione di oggetti (Farenga & Joyce, 1999), le ragazze danno una maggiore importanza alle relazioni interpersonali (Stewart, 1991). Di conseguenza quest'ultime si avvicinano alle discipline scientifiche spesso partendo da abilità manipolative che non sono pienamente sviluppate al pari dei maschi (Johnston, 1984).

Le bambine vengono spesso meno stimolate anche dai genitori, che tendono a regalare ai maschietti i giochi di costruzione o i giochi dello scienziato, favorendo sempre di più alla formazione degli stereotipi secondo cui la fisica è un mestiere per uomini.

In generale, i genitori sono più propensi a credere che i figli maschi più delle figlie femmine lavoreranno in futuro in un settore scientifico, anche quando ottengono gli stessi risultati scolastici, proprio perché guidati da quelle concezioni comune secondo la quale "la matematica e la fisica sono roba da maschi". Questo dato è di fondamentale importanza, in quanto sono i genitori che incoraggiano principalmente i figli e garantiscono loro opportunità in campo scientifico.

Due ricercatrici, Ursula Kessels and Bettina Hannover (2008), hanno suddiviso 401 studenti appartenenti a classi miste, in classi single sex e in classi miste per le lezioni di fisica. Al termine dell'anno scolastico è emerso che le ragazze che avevano seguito le lezioni nelle classi unicamente femminili avevano svolto uno studio migliore della materia. Le due ricercatrici hanno dedotto che ciò sia accaduto perché esse avevano una migliore percezione di sé e delle loro abilità.

Un'altra indagine condotta nel Regno Unito da Sheila Cooper, mostra quelle che sono alcune esigenze tipiche delle alunne che, se soddisfatte, possono migliorare significativamente il loro rendimento scolastico (Cooper, 2009, 101).

Le ragazze non mostrano dunque di avere buone capacità di calcolo e soprattutto manifestano più ansia dei maschi. Se una ragazza, fin dai primi anni di scuola, sviluppa ansia verso i compiti di matematica senza che l'insegnante intervenga adeguatamente, questo atteggiamento può continuare a crescere per tutta la sua vita condizionando le sue prestazioni negli anni scolastici successivi (Ferrotti C., 2015).

L'effetto degli stereotipi è osservabile già dalla scuola primaria ed aumenta con l'avanzare dell'età; sono le alunne stesse che si giudicano meno abili in matematica rispetto ai compagni, dunque le difficoltà che incontrano nelle discipline scientifiche può essere dovuto alla scarsa percezione che esse hanno di sé. Inizialmente, questi pregiudizi sono presenti a livello assolutamente inconscio negli alunni; una ricerca di Tomasetto e colleghi (2012) condotto su un campione di 62 soggetti, dimostrano che a 6 anni i bambini non manifestano ancora consapevolezza esplicita dello stereotipo ma esso è presente a livello implicito e inconsapevole nelle femmine fin dai primi anni della scuola primaria.

Tutto ciò influisce fortemente sulla percezione dell'abilità; da un lato agisce in maniera positiva nei confronti dei ragazzi aumentando la considerazione delle proprie abilità, dall'altro lato influisce sulle femmine negativamente.

Negli ultimi anni, numerosi studi hanno dimostrato che il divario in campo scientifico si sta assottigliando sempre di più; le alunne in genere non ottengono risultati molto inferiori rispetto ai maschi, ma continuano a dichiarare livelli inferiori di sicurezza e autoefficacia nei confronti delle discipline scientifiche; all'opposto i maschi continuano ad avere un'idea più positiva delle proprie capacità. I sentimenti che spesso provano le alunne sono ansia, impotenza e stress. Sono gli insegnanti che devono aiutare le bambine a non vivere questi stati d'animo e ad approcciarsi diversamente allo studio della matematica e della fisica.

Purtroppo però è stato dimostrato che spesso sono proprio gli insegnanti di scienze a pensare che le materie scientifiche siano meno importanti per le alunne che per gli alunni, favorendo la formazione del pregiudizio di genere. Essi dunque sopravvalutano i risultati ottenuti dai ragazzi e sottostimano i risultati conseguiti dalle ragazze (Stewart, 1991), si pongono in modo differenti agli alunni influenzando in modo diverso la percezione di sé nelle materie scientifiche. A volte può capitare che i docenti colleghino maggiori livelli di sicurezza con competenze più elevate, quando ciò non è necessariamente vero. Così facendo finiscono per favorire gli alunni maschi e penalizzare l'atteggiamento delle femmine che tendenzialmente mostrano una sicurezza minore ma non di conseguenza delle abilità inferiori. Esse infatti mostrano una maggiore ansia rispetto ai ragazzi pur avendo competenze elevate (Kyriacou, & Goulding, 2006).

1.3.1 Il soffitto di cristallo

In questi ultimi anni si è assistito ad un significativo aumento della presenza delle donne in ambito pubblico, politico ed economico.

Un aumento della partecipazione delle donne al mercato del lavoro e i loro migliori risultati in materia di istruzione non sono però accompagnati dall'atteso miglioramento in termini di posizioni professionali. In particolare la componente femminile resta tuttora interessata da una forte segregazione verticale, essendo nettamente sottorappresentata nelle posizioni apicali, meglio retribuite e di maggior prestigio (Bombelli, 2000). Si tratta del fenomeno denominato "tetto di cristallo" o "galss ceiling", un'espressione usata per la prima volta nel 1986, quando due reporter del Wall Street Journal l'hanno coniata per descrivere la barriera invisibile che impedisce alle donne di accedere ai posti di maggiore responsabilità (Hyrowitz, C., Schellhardt, T.D., 1986). A livello europeo, i dati dell'Eurostat relativi al 2010 mostrano chiaramente che nella maggior parte dei Paesi le donne detengono una quota inferiore di posizioni manageriali rispetto agli uomini. In Italia rappresentano solo il 4% dei membri degli organi decisionali delle più grandi società quotate in borsa (a fronte dell'11% nella UE27) e tra le società non quotate in borsa le donne rappresentano ancora solo un terzo del mondo imprenditoriale (a fronte della quota maschile del 65,3%).

Osservando le statistiche sembra quasi che la fisica, e più in generale le scienze dure, sia ancora una disciplina prevalentemente maschile. Attualmente le donne costituiscono solamente il 29% dei ricercatori a livello globale e appena l'11% dei ruoli apicali nel mondo della ricerca è ricoperto da donne (UNESCO, Rapporto sulla Scienza "Toward 2030", 2015). Da quando Marie Curie ha ricevuto il premio Nobel nel 1903, le donne premiate per il Nobel in ambito scientifico sono state solo il 3%.

A livello italiano, le ricercatrici donne sono circa il 36%; tuttavia anche se molte di esse trovano spazio nell'accademia, poche riescono a superare appunto quella barriera invisibile – quel «soffitto di cristallo» – che impedisce loro di giungere ai vertici delle carriere. Tra i docenti universitari italiani di discipline STEM, complessivamente solo il 37,4% è donna: guardando però ai diversi ruoli è possibile osservare che le docenti di prima fascia sono solo il 18,3% mentre salgono a 33,0% nel ruolo di docenti di II fascia (Rubin, A. 2018).

Analizziamo ancor più nel dettaglio i dati relativi alla disciplina fisica: nei dipartimenti di Fisica delle università solo il 20% del personale docente è composto da donne, addirittura il 10% se si prendono in considerazione i professori ordinari. Analizzando il numero di studentesse iscritte la percentuale diventa il 30%, che sale al 35% se si guarda alle dottorande e al 40% se si allarga l'analisi alle iscritte a scienze matematiche e di ingegneria. Si tratta di dati nazionali, dunque in alcune realtà queste percentuali diminuiscono, come nel caso del dipartimento di Fisica alla Sapienza dove le dottorande sono appena il 20% (Ramundo A., 2019).

I dati peggiori però riguardano la presenza femminile con la progressione di carriera. Nel dipartimento di Scienze Fisiche e Tecnologiche della Materia del Cnr, il 36% del personale è costituito da donne ma il 78% di loro occupa una posizione base contro il 4% di quelle impegnate nei profili più alti. Questi dati sono in accordo con quelli ritrovati dalle scienziate dell'Infn, dove le donne che hanno un profilo da dirigente sono l'8% e le ricercatrici il 23% (Ramundo A., 2019).

Forse a rappresentare graficamente il "soffitto di cristallo" basta una foto: scattata al Congresso Solvay nel 1927, la quinta edizione dedicata a elettroni e fotoni, figurano 29 partecipanti, 17 dei quali erano stati o sarebbero stati in futuro premiati con il premio Nobel. Eppure, Marie Curie, l'unica ad aver vinto il premio Nobel in due discipline distinte (Fisica e Chimica), è anche l'unica donna presente nella fotografia.

La scienza rimane dunque uno dei molteplici ambiti spesso percepiti a livello globale come un'attività prettamente maschile. Sono questi i costrutti sociali che mettono in ombra una parte significativa della storia della scienza, senza dimenticare che semplicemente negando alle ragazze e alle donne modelli femminili nell'ambito del progresso scientifico, esse perpetuano la disparità di genere nell'accesso a queste discipline di studio e alle carriere scientifiche (Adruey Azoulay, 2019).

Alla base del fenomeno, secondo Flavia Zucco dell'associazione "Donne e Scienza", ci sono i pregiudizi che vedono la scienza associata alla conoscenza razionale maschile, contro una conoscenza femminile considerata emozionale. Le donne sono ritenute persone che agiscono in base all'emozione, all'istinto e quindi non capaci di razionalità e di fare ricerca scientifica.

Anche molti altri studiosi concordano nell'affermare che le ragioni di questa marcata disparità, trovano origine nei modelli culturali diffusi nella nostra società. Nella famiglia, nella scuola, nei mezzi di comunicazione, dai diversi giochi che vengono proposti a bambini e bambine, fino all'accompagnamento nelle scelte di vita: gli stereotipi ancora impediscono alle donne di percepire tutte le proprie possibilità di realizzazione. In questa direzione l'orientamento scolastico e gli interventi già in età prescolare e scolare possono svolgere un ruolo fondamentale.

Sono sempre di più le mostre, gli interventi, i servizi e i documentari che provano a sensibilizzare l'opinione comune su questo importante argomento, al fine di poter raggiungere una piena parità di opportunità nella carriera scientifica.

A novant'anni dalla celebre foto che ritraeva 28 scienziati e una sola scienziata scattata a margine del Congresso di Solvay, l'Università di Trento e la Società Italiana di Fisica la ripropongono a ruoli invertiti.

Una rivisitazione unica della foto, perché a posare sono state 28 fisiche italiane e un solo fisico. L'iniziativa è stata promossa per sensibilizzare sull'importanza di rendere visibile le tante donne che già lavorano nel campo della fisica in Italia. E per incoraggiare la diffusione di modelli femminili per quanto riguarda gli ambiti scientifici.

1.3.2 Strategie didattiche differenziate per genere

Gli insegnanti di scienze possono utilizzare diverse strategie e metodologie didattiche differenti per aiutare le alunne a superare le difficoltà incontrate e di conseguenza per aiutarle a vivere con serenità lo studio di questa disciplina.

Primo fra tutti è fondamentale far comprendere il grande apporto che le donne hanno dato nel corso della storia nel campo scientifico. A partire da Marie Curie, continuando per Rita-Levi Montalcini fino a Margherita Hack, queste donne possono essere un grande esempio ed incoraggiamento per tutte le studentesse che vivono con negatività lo studio di queste discipline. Sono proprio gli insegnanti che possono mostrare agli alunni la vita, la dedizione e determinazione di donne che hanno cambiato il mondo scientifico, contrastando i pregiudizi e gli stereotipi del momento storico.

Oltre a ciò, i docenti possono utilizzare diversi strumenti per aiutare concretamente il percorso delle studentesse in fisica. Diverse modalità didattiche per maschi e femmine possono infatti possono aiutare quest'ultime ad aumentare le proprie competenze scientifiche e contemporaneamente favorire un atteggiamento positivo e non ansioso.

A differenza dei ragazzi che prediligono un approccio competitivo allo studio, con le ragazze è preferibile utilizzare un approccio collaborativo, sfruttando al meglio le competenze sociali che esse sviluppano. Inoltre mostrano visibilmente meno paura quando possono lavorare in coppia o a gruppi, apprendendo l'una dall'altra. È fondamentale però utilizzare allo stesso tempo strategie didattiche che incoraggino il rischio e l'apprendimento dagli errori; spesso infatti le bambine sono molto legate ai risultati finali, in quanto hanno paura del giudizio degli adulti. Bisogna dunque far comprendere loro che è naturale commettere errori e che da essi è possibile apprendere. In questo modo si favorisce contemporaneamente lo sviluppo della fiducia nelle proprie capacità e autostima.

Al termine di una spiegazione, le ragazze hanno spesso bisogno di un consolidamento scritto di quanto appreso e hanno bisogno di percepire sempre le applicazioni reali di quanto si sta apprendendo, ad esempio attraverso la didattica del learning by doing o tramite attività extracurriculari. Infine, è importante far comprendere che non esiste un'unica risposta ad un problema ma è necessario valutare anche diverse alternative e soluzioni.

Un apprendimento davvero personalizzato non può far a meno di ricorrere agli interessi, le esperienze e le attitudini degli studenti, in modo da utilizzare strategie didattiche davvero adeguate allo specifico alunno.

Con le bambine occorre manifestare continuamente approvazione per quello che fanno, per aiutarle a costruire più fiducia nelle proprie capacità (Ferrotti C., 2015).

Johnston (1984) propone alcuni suggerimenti per rendere le materie scientifiche più attraenti per le studentesse: mostrare i modelli femminili che hanno avuto successo nel campo scientifico, far leva sui progressi della scienza e della tecnologia, organizzare attività di recupero, di compensazione o di arricchimento. È fondamentale fornire stimoli alle alunne, creare un ambiente sereno per far comprendere loro che le abilità nel campo matematico e scientifico sono espandibili e migliorabili.

Possono risultare utili quelle lezioni in cui è richiesto un coinvolgimento emotivo e soprattutto quelle situazioni in cui viene richiesto alle ragazze di prendere decisioni e di assumersi responsabilità. riflettere, ragionare prima di prendere una decisione o di dare una risposta, favorire lo stile riflessivo, promuovere l'apprendimento cooperativo, in cui le bambine possono assumersi grandi responsabilità.

Anche le aziende di giocattoli per bambini svolgono un ruolo importante per abbattere gli stereotipi di genere e avvicinare le bambine al mondo scientifico. Sono molti gli esempi di giocattoli interattivi che con il motto "imparare giocando" realizzano prodotti non più indirizzati esclusivamente ai maschi, ma ad entrambi i generi.

James (2009) ha svolto un'ampia attività di ricerca sulle differenze cognitive uomo/donna e ha fornito agli insegnanti alcuni suggerimenti, tra cui dare la possibilità di prendere tempo, ragionare attentamente prima di dare una risposta, favorendo dunque lo stile riflessivo, tendenzialmente più affine alle ragazze.

I ragazzi invece, spesso traggono giovamento da altre strategie didattiche. Come già detto precedentemente, le situazioni competitive e le sfide sono tra queste. Molto utile risulta essere il peer tutoring, in quanto favorisce contemporaneamente anche il miglioramento delle abilità sociali; ricordiamo che i bambini prediligono forme di apprendimento che coinvolgono il movimento ed il corpo, dunque è preferibile realizzare lezioni brevi che implicano un coinvolgimento attivo. Il movimento infatti consente loro di scaricare l'aggressività.

Sono soprattutto i maschi ad essere attratti dalle nuove tecnologie, dunque è molto utile utilizzare questi strumenti per attirare il loro interesse. Ecco dunque che l'utilizzo di video, tablet, audio, computer, può favorire l'apprendimento di molti studenti maschi che prediligono un apprendimento visivo.

Molti studi sottolineano la necessità di maestri maschi per migliorare il coinvolgimento dei bambini e dei ragazzi.

Le profonde differenze tra maschi e femmine sono dunque ancora più evidenti e marcate; in questo senso, valorizzare le differenze in ambito educativo diventa la chiave di volta per la costruzione di una organizzazione sociale e lavorativa che tuteli le pari opportunità e imposti i suoi processi di sviluppo e innovazione a partire dalle diverse capacità dell'uomo e della donna (Chiesi & Musolesi, 2007).

Nella didattica della fisica particolare importanza deve essere rivolta alle didattiche di tipo laboratoriale, sia nei confronti del genere femminile che del genere maschile. La fisica infatti è un intreccio tra teorie e realtà del laboratorio scientifico, dunque le attività di sperimentazione sono imprescindibili per far comprendere appieno i concetti e soprattutto per rompere con un tipo di insegnamento astratto e formale.

Ancora una volta, sono tendenzialmente i bambini ad essere maggiormente attratti dagli strumenti presenti in laboratorio, ma ciò non toglie che l'insegnante possa utilizzare diversi escamotage come appunto giochi e lavori di gruppo per incuriosire anche le bambine.

Spesso però le attività proposte in laboratorio sono già attività progettate nei particolari in cui gli studenti devono solo raccogliere i dati da inserire in formule; ci si focalizza cioè soltanto sull'aspetto quantitativo. L'obiettivo invece dovrebbe essere quello di far comprendere l'intreccio teoria/esperimento, mostrando quanto la fisica sia effettivamente una scienza sperimentale. Soprattutto alla scuola primaria la fase quantitativa di raccolta dati deve essere secondaria; mai preoccuparsi della giustezza dei dati raccolti, ma piuttosto trarre vantaggi dai dati sbagliati su cui poter discutere.

Capitolo 2. Le forze

2.1 La meccanica

I fenomeni fisici sono numerosi e complessi e altrettanto vasta e complessa è la fisica. Essa, infatti, viene suddivisa in vari campi, secondo la natura dei fenomeni considerati. Si tratta di una suddivisione dettata da comodità di studio in quanto, in realtà, tutti i campi della fisica sono in stretta relazione tra loro. Non soltanto, tutta la fisica come scienza è a sua volta in stretta relazione con le altre scienze, dalla matematica, alla chimica, alla geologia, alla biologia, all'astronomia.

La parte della fisica che si occupa del moto dei corpi e delle cause che lo determinano è la meccanica. Viene tradizionalmente suddivisa in: cinematica, dinamica e statica. In particolare la cinematica è lo studio del moto indipendentemente dalle cause che lo hanno generato, la dinamica è lo studio del moto e delle cause che lo hanno generato.

2.2 Introduzione allo studio della cinematica

Il moto di un oggetto può essere studiato mediante il modello del punto materiale quando l'oggetto è molto piccolo rispetto alla distanza che percorre. Un punto materiale è così piccolo, rispetto agli oggetti rispetto ai quali si muove, che se ne possono trascurare le dimensioni; l'unica grandezza che lo caratterizza è, allora, la massa inerziale (indicato di solito con la lettera m). Il punto materiale è un modello utile ma molto limitato, in quanto non permette di descrivere le rotazioni e le deformazioni dei corpi.

Nelle scienze naturali, qualunque sia il fenomeno da analizzare, è essenziale definire precisamente che cosa si sceglie come sistema. La descrizione del moto infatti, è sempre relativa in quanto dipende sempre dal sistema di riferimento da cui lo si osserva. Per definire lo stato di quiete, cioè l'assenza di movimento, e lo stato di moto dei corpi è necessario fare riferimento a qualcosa che consideriamo fisso e che, nel linguaggio scientifico, si chiama sistema di riferimento. Possiamo dire che un corpo è in quiete in un sistema di riferimento se, rispetto ad esso, non cambia la sua posizione nel tempo. Viceversa, un corpo è in moto in un sistema di riferimento se, rispetto ad esso, cambia la sua posizione nel tempo. Quando non ci si riferisce ad un sistema di riferimento particolare, ci si riferisce implicitamente alla Terra, pur sapendo che essa non è ferma.

Dunque il moto di un punto materiale è determinato se nota la sua posizione in funzione del tempio in un determinato sistema di riferimento, ossia ad esempio le sue coordinate $x\ (t)$, $y\ (t)$, $z\ (t)$ in un sistema di riferimento cartesiano.

La traiettoria è il luogo dei punti occupati successivamente dal punto in movimento e costituisce una curva continua nello spazio. Lo studio delle variazioni di posizione lungo la traiettoria nel tempio porterà a definire il concetto di velocità, mentre lo studio delle variazioni della velocità con il tempo introdurrà la grandezza accelerazione.

Le grandezze fondamentali in cinematica sono pertanto lo spazio, la velocità, l'accelerazione e il tempo; quest'ultimo molto spesso viene usato come variabile indipendente in funzione di cui si esprimono le altre grandezze.

La quiete è un particolare tipo di moto in cui le coordinate restano costanti e quindi velocità e accelerazione sono nulle. Come già detto è necessario specificare sempre il sistema di riferimento rispetto cui si osserva il moto. Si osservi come un punto in quiete in un sistema di riferimento può apparire in moto rispetto ad un altro (persona ferma in un mezzo di trasporto in movimento, vista dal mezzo o dal suolo).

2.3 Dinamica del punto: le leggi di Newton

2.3.1 Principio di inerzia. Introduzione al concetto di forza

L'idea di forza è legata allo sforzo muscolare. Quando spingiamo, tiriamo o solleviamo un oggetto, esercitiamo una forza. Tuttavia, ci sono anche forze che non dipendono dai muscoli, come la forza magnetica della calamita che attrae oggetti di ferro o la forza di gravità della Terra che attrae una tuffatrice. Le forze esercitate dal vento e dall'acqua permettono di ottenere energie rinnovabili come quelle prodotte dalle palle e oli che dalle centrali idroelettriche.

Alcune sono forze di contatto come quella del vento sulla leva o la nostra forza muscolare che spinge un carrello del supermercato. Altre sono forza a distanza, come la forza magnetica della calamita e la forza di gravità della Terra che attrae un sasso verso il basso. Infatti tra la Terra e il sasso che cade non c'è alcun contatto; la forza di gravità che la terra esercita su tutti gli oggetti è percepita come forza-peso.

La variazione di velocità, in modulo in direzione o in entrambi, di un corpo è dovuta all'azione di una forza.

Dunque la variazione dello stato di moto di un punto è determinata dall' interazione del punto con l'ambiente circostante. La prima prova è contenuta nel **principio d'inerzia**:

un corpo non soggetto a forze non subisce cambiamenti di velocità, ovvero resta in stato di quiete se era fermo ($v=0$) oppure si muove di moto rettilineo uniforme (v costante non nulla).

L'assenza di forza non implica che non ci sia moto, bensì comporta che la velocità non vari.

Questo risultato venne formulato da Galileo; in esso è implicitamente contenuta l'idea che sarebbe stata esplicitata da Newton e posta sotto forma di legge quantitativa. Dato che il principio di inerzia richiede, in caso di moto, che questo sia rettilineo uniforme, un modo accelerato segnala la presenza di una forza agente.

Dunque: la forza è la grandezza che esprime e misura l'interazione tra sistemi fisici. Intuitivamente possiamo affermare che alla forza è associata la nozione di intensità e di direzionalità. L'effetto di una forza cambia con la direzione, come viene evidenziato in figura 1.1. Nel caso a) si ha in generale un moto, nella situazione b) non si ha un moto ma deformazione del corpo e del supporto, nel caso ci infine non si manifesta alcun moto.

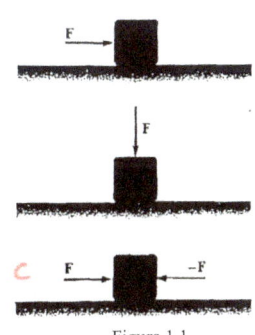

Figura 1.1

Quest'ultimo caso introduce la nozione di uguaglianza di due forze e di equilibrio.

2.3.2 *Leggi di Newton*

La formulazione quantitativa del legame tra la forza e lo stato del moto è data dalla legge di Newton:

$$\mathbf{F} = m\,\mathbf{a}$$

L'interazione del punto con l'ambiente circostante, espresso tramite la forza **F**, determina l'accelerazione del punto, ovvero la variazione della sua velocità nel tempo; *m* è la massa inerziale del punto.

Il termine massa inerziale è legato al fatto che la massa esprime l'inerzia del punto, cioè la sua resistenza a variare il proprio stato di moto, ossia a modificare la velocità (in modulo, direzione e verso). Fissata una determinata forza **F**, l'effetto dinamico è tanto maggiore quanto minore è la massa del punto. Se una certa forza F agisce separatamente su due punti materiali diversi, questi acquistano accelerazioni diverse.

$$F = m_1 \, a_1 = m_2 \, a_2 \quad \rightarrow \quad \frac{m_1}{m_2} = \frac{a_1}{a_2}$$

In assenza di interazione con l'esterno la forza è nulla e quindi $a = 0$, v = costante: la legge di Newton contiene, come caso particolare, il principio di inerzia. Spesso la formula

F = m**a** viene indicata come seconda legge di Newton, mentre ci si riferisce al principio di inerzia come prima legge di Newton.

La legge di Newton, che usando la definizione di accelerazione (derivante dalla cinematica) può essere scritta

$$\mathbf{F} = m\mathbf{a} = m\frac{dv}{dt} = m\frac{d^2 r}{dt^2},$$

esprime **la legge fondamentale della dinamica del punto**: da essa vengono ricavate tutte le proprietà relative al moto di un punto materiale e in particolare la legge oraria *r(t)*, qualora naturalmente si conoscano la funzione F e le condizioni iniziali del moto. In breve, dalle caratteristiche della forza si deducono quelle del moto. Oltre che come equazione essa viene intesa come la vera definizione della grandezza forza.

Essa in particolare stabilisce che la forza è una grandezza vettoriale con la stessa direzione e lo stesso verso dell'accelerazione, è che essa è direttamente proporzionale all'accelerazione con costante di proporzionalità data dalla massa del corpo. Di contro, a parità di forza, l'accelerazione del corpo è inversamente proporzionale alla massa. Se su un medesimo corpo agiscono più forze allora sarà la forza risultante, ossia la somma vettoriale di tutte le forze in gioco, ad essere un vettore parallelo e concorde all'accelerazione.

L'unità di misura della forza è detta Newton (simbolo N), definita proprio a partire dalla formula della seconda legge di Newton. Per effettuare l'analisi dimensionale della forza è sufficiente rileggere la definizione nel modo seguente: poiché la massa si misura in chilogrammi e l'accelerazione in m/s^2, una forza di 1 Newton è definita come quella che accelera un corpo di massa 1 kg di 1 m/s^2.

2.3.3 Terza legge di Newton

La seconda legge di Newton, o seconda legge della dinamica, spiega perché un moto avviene con certe caratteristiche. Newton scoprì anche una proprietà generale delle forze, che si può enunciare in questa forma:

- se un corpo A esercita una forza F_{AB} su un corpo B, il corpo B reagisce esercitando una forza F_{BA} sul corpo A;
- le due forze hanno la stessa direzione, lo stesso modulo e verso opposto, cioè esse sono uguali e contrarie:

$$F_{AB} = - F_{BA} ;$$

- le due forze hanno la stessa retta d'azione.

Tale legge è detta terza legge di Newton o principio di azione e reazione delle forze.

Il fatto che non esista una forza isolata, ma che le forze vadano considerate sempre in coppie, chiarisce che l'interazione tra due corpi è sempre un'azione mutua.

2.3.4 Risultante delle forze: l'equilibrio

La forza è una grandezza vettoriale; un'importante verifica di questa affermazione si ha quando su un punto materiale agiscono contemporaneamente più forze punto. Si constata che il moto del punto ha luogo come se agisse una sola forza, **la risultante vettoriale delle forze** applicate al punto

$$\mathbf{R} = \mathbf{F}_1 + \mathbf{F}_2 + ... + \mathbf{F}_n = \sum_i \mathbf{F}_i ;$$

In effetti l'accelerazione del punto è pari alla somma vettoriale delle accelerazioni che il punto avrebbe se agisse ciascuna forza da sola.

Questo risultato sperimentale fa capire che in presenza di più forze ciascuna agisce indipendentemente dalle altre, comunicando sempre al punto l'accelerazione $\boldsymbol{a}_i$ = $\boldsymbol{F}_i / m$; si parla a tale proposito di indipendenza delle azioni simultanee.

Inoltre, affermare che la forza agente su un punto è nulla non significa necessariamente che sul punto non agiscano forze, ma spesso indica che la somma delle forze agenti su di esso, cioè la risultante, è nulla.

Se **R** = 0 e il punto ha inizialmente velocità nulla, esso rimane in quiete: sono realizzate le condizioni di equilibrio statico del punto.

Se un corpo, soggetto all'azione di una forza o della risultante non nulla di un insieme di forze, rimane fermo, dobbiamo dedurre da quanto detto che l'azione della forza provoca una reazione dell'ambiente circostante detta reazione vincolare, che si esprime tramite una forza, eguale e contraria alla forza o alla risultante delle forze agenti, applicata al corpo stesso in modo tale che esso rimanga in quiete.

È ad esempio il caso di un corpo posato su di un tavolo, con il piano di appoggio orizzontale. Il corpo è soggetto all'azione di attrazione della terra, perpendicolarmente al piano; però per effetto dell'attrazione terrestre il corpo preme sulla superficie del tavolo deformandola. Il tavolo deve produrre, viste le condizioni di quiete del corpo, una forza uguale e contraria alla forza di attrazione terrestre che chiameremo reazione vincolare **N**, o forza normale. Se applichiamo ulteriori forze al corpo, normali al piano del tavolo, la reazione vincolare deve equilibrare la risultante **R** di tali forze: **R** + **N** = 0.

2.3.5 Azione dinamica delle forze

Vediamo ora di individuare quali forze possono produrle alcuni tipi di moto.

Nel caso più generale la forza F non è costante e il moto è vario, con accelerazione non costante. Se il moto è rettilineo uniforme (v =costante, a = 0) si ha ovviamente F = 0; ancora una volta questa situazione si può ottenere anche se agiscono varie forze purché la loro risultante sia nulla. Se il moto è uniformemente accelerato (a = costante) la forza agente è vettorialmente costante (quindi in direzione, verso e modulo). Più in generale se agisce una forza F = costante, la componente del moto nella direzione parallela alla forza è uniformemente accelerata con $a = F/m$ (formula inversa della seconda legge di Newton).

Ricapitolando, per descrivere una forza dobbiamo fornire tre informazioni:

- la sua direzione, cioè la retta lungo cui la forza agisce;
- il verso in cui è orientata (su una direzione ci sono due versi possibili);
- la sua intensità, misurata con uno strumento chiamato dinamometro.

Infatti, un semplice valore numerico (l'intensità) non basta a descrivere una forza: se spingiamo lo stesso oggetto da destra o da sinistra otteniamo risultati diversi pur compiendo lo stesso sforzo.

2.3.6 Forza peso

Sperimentalmente si osserva che in uno stesso luogo tutti i corpi, qualunque sia la massa inerziale, assumono se lasciati liberi la stessa accelerazione, detta di gravità, diretta verticalmente verso il suolo il cui modulo, che varia leggermente da posto a posto sulla terra, vale in media g = 9.8 ms^{-2}. Tale accelerazione è conseguenza della forza di attrazione terrestre, cioè dell'interazione gravitazionale tra la terra e il corpo.

Se agisce solo la forza peso **P** abbiamo, secondo la seconda legge di Newton, P = $ma = mg$ visto che $a = g$. Pertanto la forza peso risulta proporzionale alla massa e si scrive sempre:

$$\mathbf{P} = mg$$

Se invece agiscono anche altre forze in generale si ha $a \neq g$. In particolare un corpo che cade nell'aria presenta un'accelerazione minore di quella di gravità a causa dell'attrito con l'aria.

La proporzionalità tra forza peso e massa suggerisce che il confronto tra due masse possa essere effettuato confrontando le rispettive forze peso; è su questa idea che si basa il metodo di misura delle masse tramite la bilancia. Tale fatto, di grande importanza, non deve però portare a confondere i due concetti di massa e di forza peso. La massa di un corpo ha un significato dinamico che si deduce dalla seconda legge di Newton e che è indipendente dalla particolare forza agente. La forza peso risulta dall' interazione di un corpo con la terra; sulla superficie di un altro pianeta essa sarebbe, a parità di massa, diversa a causa del diverso valore di g; non è cioè una caratteristica del corpo come lo è la massa.

2.3.7 Le forze di attrito

Tra le forze che incontriamo più spesso ci sono le forze di attrito, le quali sono forze di contatto. La forza di attrito è sempre diretta in senso contrario al movimento.

Esistono diverse categorie:

- la forza di attrito radente si esercita tra due superfici, ad esempio la forza che un piano ruvido esercita su un oggetto a causa del mutuo movimento relativo;
- la forza di attrito volvente è la forza che un corpo subisce per effetto di rotolamento;
- la forza di attrito viscoso è la forza che è un oggetto subisce per effetto del modo in un fluido. Dipende dalla superficie, dalla velocità e dalle caratteristiche del fluido.

In particolare la **forza di attrito radente** si suddivide in attrito radente statico ed attrito radente dinamico.

Anche se sembrano perfettamente lisce, tutte le superfici sono caratterizzate da una serie di irregolarità il cui effetto complessivo, quando due superfici sono a contatto, si manifesta sotto due aspetti:

- una resistenza a mettere in moto un oggetto fermo (attrito radente statico)
- un ostacolo al movimento di un oggetto già in moto (attrito radente dinamico).

Sperimentalmente possiamo osservare che avendo una cassa sul pavimento e spingendola, questa non si sposta fino a quando non viene esercitata una forza abbastanza intensa da vincere l'attrito radente statico. Dunque il corpo non entra in movimento per effetto di **F** fino a che il modulo di **F** non supera il valore $\mu_s\,Fn$ dove μ_s è il *coefficiente di attrito statico* e Fn è il modulo della componente normale al piano di appoggio, cioè il valore della forza con cui il corpo preme sulla superficie di appoggio ed è sempre perpendicolare a questa superficie. Abbiamo dunque:

condizione di quiete $\quad F \leq \mu_s\,N$;

condizioni di moto $\quad F > \mu_s\,N$.

La forza di attrito radente statico è una forza uguale e contraria ad **F** e non ha un valore prefissato, ma varia con il valore della forza F applicata, da zero fino al massimo $\mu_s\,Fn$.

Quando F supera $\mu_s\,N$ il corpo entra in movimento lungo il piano e si osserva che si oppone al moto la forza di attrito radente dinamico $F_{ad} = \mu_d\,Fn$ dove μ_d rappresenta il *coefficiente di attrito dinamico*; risulta sempre $\mu_d < \mu_s$.

Dato che la forza di attrito dinamico dipende dalla mutua ruvidità delle due superfici a contatto, il μ_d vale per la coppia delle superfici e mai per il singolo oggetto.

La forza di attrito dinamico non dipende dalla velocità del corpo rispetto al piano di appoggio ed ha verso contrario alla direzione del modo e quindi al vettore velocità.

Dunque le forze di attrito radente hanno origine dalle forze di coesione tra due materiali; una eccessiva levigatura fa aumentare la coesione e quindi l'attrito invece se le superfici vengono bagnate, come nel caso di organi meccanici in movimento mediante utilizzazione di lubrificanti, la forza di attrito diminuisce notevolmente. Un altro metodo per ridurre l'attrito radente consiste nel creare un sottile strato d'aria tra superfici che devono scorrere l'una rispetto all'altra. Si consideri però che le forze di attrito radente sono sempre presenti, per quanto si possa tentare di ridurle.

Capitolo 3. L'intervento didattico

La letteratura evidenzia una differenza nell'apprendimento degli studi scientifici tra alunni ed alunne, le cui cause sono attribuite per la maggior parte all'esistenza di differenze biologiche tra i due sessi, alla presenza di stereotipi e pregiudizi di genere e ad una scarsa autostima delle studentesse. Tale differenza sembra però assottigliarsi con il passare del tempo, evidenziando una sempre meno marcata differenza nei risultati scolastici ottenuti dagli alunni.

Per un insegnante di fisica resta fondamentale comprendere quali possono essere le difficoltà che incontrano maggiormente i propri studenti.

Dopo aver effettuato tale riflessione e ricerca teorica, ho cercato di comprendere sul piano pratico scolastico, se tale differenza di genere sia ancora presente nell'apprendimento della fisica.

Seguono alcune domande che fanno da base alle riflessioni ed al lavoro di ricerca svolto: esiste ancora il tradizionale svantaggio femmine nelle materie di natura scientifica? Se sì, quali sono le cause delle difficoltà incontrate delle alunne? Sono unicamente di natura biologica o convenzionale? Esistono davvero discipline e quindi professioni principalmente maschili? Perché il mondo lavorativo fisico è composto per la stragrande maggioranza da uomini? Ragazzi e ragazze pervengono alla costruzione della propria conoscenza scientifica in modo diverso? Quanto incide l'età nella differenza di genere?

Tutti questi interrogativi sono stati il principale motore di ricerca della mia indagine. Inizialmente ho avuto modo di approfondire le ricerche effettuate in questo campo, studiando con particolare attenzione i risultati ottenuti. Ho così potuto delineare un quadro teorico generale che funga da base per la futura sperimentazione realizzata, la quale ha come obiettivo rispondere concretamente agli interrogativi precedenti.

Nel percorso di ricerca che si intraprende non si vuole solo prestare attenzione alle differenze in termini di approccio metodologico, di pregiudizi e difficoltà epistemologiche ma si vuole analizzare anche il percorso compiuto dagli alunni e dalle alunne in direzione della costruzione di nuovi schemi interpretativi della realtà.

3.1 La progettazione

Titolo	Facciamo forza!
Scuola: denominazione e località	D.D I Circolo "Giuseppe Bagnera" Bagheria
Sezione o Classe/n. alunni coinvolti	II V
Tempi di realizzazione	*Data inizio e conclusione: 07/10/2019- 19/11/2019* *Durata (n. di ore complessive):44 h, 22 h per classe*
Premessa	Il presente progetto è rivolto ad una classe II e ad una classe V della scuola primaria "Giuseppe Bagnera", situata in un quartiere centrale della città di Bagheria. Dalla durata complessiva di 44 h, l'intervento si focalizza principalmente nell'ambito disciplinare scientifico, proponendo accordi anche con la matematica e l'italiano. In particolare, i contenuti affrontanti riguardano la parte della fisica volta allo studio del moto dei corpi e delle forze che agiscono su di essi. Le attività proposte si basano sulle teorie pedagogiche costruttiviste, secondo le quali il compito di un insegnante non può e non deve essere quello di mero trasmettitore di informazioni. Al contrario, si propongono metodologie che vedono gli alunni costruttori della propria conoscenza, favorendo l'osservazione, la formulazione e la verifica delle proprie ipotesi. Filo conduttore delle esperienze proposte è la collaborazione fra pari. L'esperienza diretta risulta essere il punto di partenza di ogni incontro ed il sapere si struttura passo passo insieme agli studenti.

	L'intervento didattico ha come finalità ed obiettivi quello di promuovere lo sviluppo di abilità e competenze in ambito scientifico, ma non solo; si vuole attenzionare in che modo bambini e bambine si approcciano allo studio della fisica e se percepiscono o meno la presenza dello stereotipo di genere. A tal fine, viene effettuata un'intervista in forma singola ad ogni alunno all'inizio (Allegato 1) ed alla fine dell'intervento (Allegato 2).
	Per favorire l'apprendimento di tutti gli alunni, vengono utilizzate metodologie didattiche attente alle differenze di genere.
Finalità educative e traguardi di sviluppo delle competenze	L'intervento formativo viene progettato al fine di favorire l'apprendimento della forza in ambito fisico, indagando i tre principi della dinamica e la forza di attrito. Attraverso un approccio basato sull'osservazione, sulla scoperta e l'indagine, gli alunni hanno la possibilità di scoprire scientificamente le cause e le conseguenze delle forze, a partire dai fenomeni di vita quotidiana.
	I traguardi individuati sono: <ul><li>L'alunno sviluppa atteggiamenti di curiosità e modi di guardare il mondo che lo stimolano a cercare spiegazioni di quello che vede succedere</li><li>Esplora i fenomeni con un approccio scientifico: con l'aiuto dell'insegnante, dei compagni, in modo autonomo, osserva e descrive lo svolgersi dei fatti, formula domande, anche sulla base di ipotesi personali, propone e realizza semplici esperimenti</li><li>Individua nei fenomeni somiglianze e differenze, fa misurazioni, registra dati significativi, identifica relazioni spazio/temporali</li><li>Individua aspetti quantitativi e qualitativi nei fenomeni, produce rappresentazioni grafiche e</li></ul>

	schemi di livello adeguato, elabora semplici modelli • L'alunno partecipa agli scambi comunicativi (conversazione, discussione di classe o di gruppo) con compagni e insegnanti rispettando il turno e formulando messaggi chiari e pertinenti, in un registro il più possibile adeguato alla situazione.
Prerequisiti (Classe II)	• Saper confrontare, misurare ed ordinare • Saper leggere e scrivere • Conoscere i numeri fino a 100 • Saper lavorare in coppia e in gruppo • Saper realizzare semplici mappe distinguere le superfici lisce e ruvide
Prerequisiti (Classe V)	• Saper confrontare, misurare ed ordinare • Saper lavorare in coppia e in gruppo • Conoscere le unità di misura del tempo, spazio e della massa • Saper effettuare la media aritmetica • Saper realizzare semplici mappe e schemi concettuali • Distinguere le superfici in lisce e ruvide
Obiettivi di apprendimento al termine della classe terza (Classe II)	Scienze a) Individuare, attraverso l'osservazione diretta, la struttura di oggetti semplici, analizzare qualità e proprietà, descriverli nella loro unitarietà e nelle loro parti, scomporli e ricomporli riconoscerne funzioni e modi d'uso b) Seriare e classificare oggetti in base alle loro proprietà c) Individuare, nell'osservazione di esperienze concrete, alcuni concetti scientifici quali:

	dimensioni spaziali, peso, peso specifico, forza, movimento, pressione, temperatura, calore, ecc. d) Osservare, utilizzare e, quando è possibile, costruire semplici strumenti di misura: recipienti per misure di volumi/capacità, bilance a molla, imparando a servirsi di unità convenzionali Matematica e) Percepire la propria posizione nello spazio e stimare distanze e volumi a partire dal proprio corpo f) Misurare grandezze (lunghezze, tempo ecc.) utilizzando sia unità arbitrarie sia unita e strumenti convenzionali (metro, orologio, ecc.) Italiano g) Prendere la parola negli scambi comunicativi (dialogo, conversazione, discussione) rispettando i turni di parola h) ricostruire verbalmente le fasi di una esperienza vissuta a scuola o in altri contesti
Obiettivi di apprendimento al termine della classe quinta (Classe V)	Scienze a) Individuare, nell'osservazione di esperienze concrete, alcuni concetti scientifici quali: dimensioni spaziali, peso, peso specifico, forza, movimento, pressione, temperatura, calore, ecc. b) Cominciare a riconoscere regolarità nei fenomeni e a costruire in modo elementare il concetto di energia c) Osservare, utilizzare e, quando è possibile, costruire semplici strumenti di misura: recipienti per misure di

	volumi/capacità, bilance a molla, imparando a servirsi di unità convenzionali Italiano d)Interagire in modo collaborativo in una conversazione, in una discussione, in un dialogo, su argomenti di esperienza diretta, formulando domande, dando risposte e fornendo spiegazioni ed esempi e) Cogliere in una discussione le posizioni espresse dai compagni ed esprimere la propria opinione su un argomento in modo chiaro e pertinente. Matematica f) Rappresentare relazioni e dati e, in situazioni significative, utilizzare le rappresentazioni per ricavare informazioni, formulare giudizi e prendere decisioni. g) Utilizzare le principali unità di misura per lunghezze, angoli, aree, volumi/capacità, intervalli temporali, masse, pesi per effettuare misure e stime
Obiettivi specifici (Classe II)	<ul><li>Individuare le forze, identificando fra chi agiscono e in quale direzione</li><li>Correlare la forza con altre grandezze</li><li>Individuare il punto di applicazione di una forza</li><li>Descrivere o rappresentare le forze, anche mediante disegni in cui le forze sono raffigurate mediante frecce, dando un nome appropriato ad ogni forza</li><li>Indicare praticamente gli effetti di una forza</li><li>Utilizzare l'unità di misura corretta in base alle varie grandezze utilizzate</li><li>Distinguere il concetto di massa e di forza-peso</li></ul>

	<ul><li>Eseguire con sicurezza il confronto e l'ordinamento di masse, velocità e superfici</li><li>Raccogliere e registrare dati</li><li>Indicare la forza applicata da un soggetto definita "azione" e la conseguente reazione del corpo</li><li>Indicare esempi pratici in cui l'attrito agisce positivamente ed altri in cui agisce negativamente</li><li>Collegare la forza di gravità al concetto di massa</li><li>Utilizzare un linguaggio scientifico adeguato</li><li>Formulare ipotesi sulla base di fenomeni osservabili</li><li>Realizzare e descrivere mappe concettuali</li><li>Lavorare in piccoli gruppi e in coppia</li><li>Condividere il materiale didattico con i compagni</li></ul> rispettare il proprio turno di parola
Obiettivi specifici (Classe V)	<ul><li>Individuare le forze, identificando fra chi agiscono e in quale direzione</li><li>Correlare la forza con altre grandezze</li><li>Individuare il punto di applicazione di una forza</li><li>Descrivere o rappresentare le forze, anche mediante disegni in cui le forze sono raffigurate mediante frecce, dando un nome appropriato ad ogni forza</li><li>Indicare praticamente gli effetti di una forza</li><li>Utilizzare l'unità di misura corretta in base alle varie grandezze utilizzate</li><li>Distinguere il concetto di massa e di forza-peso</li><li>Eseguire la media aritmetica</li><li>Eseguire con sicurezza il confronto e l'ordinamento di masse, velocità e superfici</li><li>Distinguere superfici con poco attrito e superfici con molto attrito</li><li>Raccogliere e registrare dati</li><li>Indicare la forza applicata da un soggetto definita "azione" e la conseguente reazione del corpo</li><li>Indicare esempi pratici in cui l'attrito agisce positivamente ed altri in cui agisce negativamente</li></ul>

	• Utilizzare un linguaggio scientifico adeguato • Formulare ipotesi sulla base di fenomeni osservabili • Realizzare e descrivere mappe concettuali • Lavorare in piccoli gruppi e in coppia • Condividere il materiale didattico con i compagni • Rispettare il proprio turno di parola
Contenuti disciplinari e interdisciplinari	Il presente intervento didattico abbraccia più di una singola disciplina, dunque si tratta di un progetto interdisciplinare. L'ambito disciplinare principalmente coinvolto è scienze. Gli argomenti trattati riguardano l'ambito della dinamica, dunque il moto dei corpi e le cause che li producono. La prima parte del percorso didattico mira all'acquisizione di concetti preliminari all'argomento "forze". Si approfondiscono i concetti di corpo, moto, quiete, spazio, tempo e velocità, traiettoria, sistema di riferimento. Successivamente ci si addentra sempre di più nell'ambito dinamico, approfondendo i primi tre principi della dinamica. Essi non vengono spiegati attraverso le mere formule matematiche, ma a partire dall'esperienza. Si osserva il moto di un corpo in quasi assenza di attrito, la differenza fra massa e peso e il concetto di azione e reazione. In tal modo è possibile focalizzarsi sulla forza come interazione, sul verso e la direzione. Infine, si studiano nel dettaglio la forza di attrito. Nell'affrontare queste tematiche, sono previsti raccordi disciplinari con la matematica e l'italiano. Viene infatti richiesto agli alunni di confrontare, ordinare, effettuare la media aritmetica. Inerente all'italiano invece, viene richiesto agli alunni di verbalizzare correttamente quanto appreso e di realizzare alcune produzioni scritte.

Modalità e strumenti di verifica	Le prove di verifica vengono suddivise in prove iniziali, in itinere e finali.
	La scheda di verifica iniziale e finale (Allegato 3) sono le stesse, in quanto somministrate come pre-test e post-test per analizzare in modo oggettivo il cambiamento verificatosi negli studenti.
	È composta da 12 domande a risposta aperta e una domanda a risposta multipla. Il tempo a disposizione per questa scheda di verifica è di 40 minuti circa.
	Le domande sono di vario tipo: a risposta aperte, a crocette e vero o falso. Il punteggio massimo che è possibile ottenere è 20; alle risposte aperte e alle risposte a crocette può essere assegnato un punteggio da 0 a 3. Le domande a risposta aperta vengono valutate facendo riferimento alla correttezza grammaticale, ai contenuti scientifici e agli esempi pratici riportati.
	La verifica in itinere consta di diverse parti.
	All'inizio di ogni lezione, la maestra riprende gli argomenti trattati facendosi aiutare dagli alunni, per analizzare se effettivamente essi hanno compreso e ricordano ciò di cui hanno parlato. Inoltre può valutare il grado di partecipazione ed interesse dei bambini, osservando se sono stati attenti e coinvolti attivamente.
	Durante il 6° incontro viene sottoposta una scheda di valutazione intermedia (Allegato 4) per verificare se gli alunni hanno compreso gli effetti della forza su un corpo. Al termine essa viene corretta in modalità collettiva. Per verificare ulteriormente se gli argomenti trattati sono stati compresi e se gli alunni hanno effettuato una corretta correlazione fra essi, viene richiesto loro di realizzare una mappa concettuale. Quest'ultima mira appunto a favorire il collegamento tra nuove e vecchie informazioni, aiutare a creare

	schemi logici. Il tempo a disposizione per la realizzazione della mappa concettuale è ½ h. Le prove di verifica sono state somministrate durante la 9° lezione. Il tempo a disposizione per il loro completamento è di 45 minuti circa.
Metodologie: strategie e mediatori	Sono state utilizzate diverse metodologie per favorire l'apprendimento degli alunni. A seconda del proprio stile di apprendimento, infatti, alcuni alunni possono preferire approcci ludici o manipolativi o ancora più tradizionali. In tal senso è opportuno variare l'offerta didattica, in modo da andare in contro a tutte le esigenze presenti in aula. Ponendo particolare attenzione alle differenze di genere, sono state utilizzante metodologie tendenzialmente favorite dalle bambine ed altre invece tendenzialmente favorite dai bambini. Ad esempio, è stata proposta un'attività intesa come una sfida, competitiva (utile per i maschietti) e attività invece volte a spronare la collaborazione (preferita dalle femmine). Nello specifico la metodologia principalmente utilizzata è stata Inquiry Based Science Education (IBSE). È più appropriato però descriverla come un processo di esplorazione attiva, tramite il quale vengono messe in atto abilità critiche, logiche e creative per porre domande su situazioni di interesse specifico e impegnarsi a dare risposte a tali domande. Risulta molto utile utilizzare questo approccio per l'apprendimento delle materie scientifiche, in quanto si avvale della modalità tipica seguita dagli scienziati per fare ricerca, definita come un "ciclo di indagine". Alla base dell'Inquiry si trovano le teorie dell'apprendimento costruttivista, che vedono l'apprendimento come un processo attivo in cui l'alunno si definisce l'attore protagonista. Tramite questa metodologia scientifica chiara, gli alunni hanno

la possibilità di costruire risposte alle loro domande e di sviluppare modelli mentali esplicativi.

Questo approccio si basa sul modello delle 5 E: Engage, Explore, Explain, Extend, Evaluate. Attraverso queste fasi gli alunni compiono un percorso di osservazione dell'ambiente di apprendimento, raccolgono informazioni, dati, formulano ipotesi e costruiscono modelli. Particolarmente importante la fase di Extend, nella quale gli studenti costruiscono relazioni con altri concetti e idee e cercano di applicare la loro comprensione a fenomeni diversi, generalizzando così la loro comprensione. La quinta fase invece deve essere effettuata contestualmente durante tutto il percorso; si tratta della valutazione che docenti e alunni devono svolgere sul proprio operato, analizzandolo, giudicandolo e confrontandolo.

Attraverso questo approccio cambiano i ruoli e i compiti svolti da insegnanti e studenti: i primi non devono più trasmettere meccanicamente informazioni e teorie, ma devono facilitare la ricerca delle informazioni che deve invece essere effettuata dall'alunno. Quest'ultimi deducono soltanto al termine del processo concetti, principi e leggi, in quanto essi rappresentano solo la parte finale di un percorso molto più ampio. Si attribuisce una grande importanza all'evidenza sperimentale, dunque si favoriscono il più possibile le esperienze pratiche, dalle quali si parte per costruire spiegazioni sul funzionamento dei fenomeni naturali.

Oltre all'IBSE, sono state utilizzate altre metodologie che ben si accostano con gli obiettivi e le finalità perseguite dall'approccio scientifico.

A partire dalla metodologia del circle time, si sviluppano diverse discussioni collettive, in cui ognuno può dare il suo contributo. Si tratta appunto di una metodologia didattica ed educativa utilizzata per

	includere tutti gli alunni, che disposti in cerchio come suggerisce il nome, vengono guidati dall'insegnante attraverso domande stimolo su un dato argomento. L'obiettivo principale del circle time è quello di favorire la comunicazione tra pari e incoraggiare la riflessione condivisa. Il cooperative learning viene utilizzato in tutte quelle attività in cui i bambini vengono suddivisi in gruppi di circa 4 componenti. Ogni membro del gruppo ha un compito ben preciso e, affinché il lavoro venga svolto correttamente, è necessario che tutti si impegnino e collaborino tra loro. I gruppi creati sono sia mono genere sia composti da maschi e femmine, in modo da osservare e confrontare le differenze nella collaborazione e nel lavoro svolto. Non sono state previste lezioni frontali di tipo tradizionale, in quanto ogni attività proposta è basata sull' apprendimento per scoperta; gli alunni attraverso osservazioni, analisi, prove, confronto, tentativi ed errori, sono arrivati a comprendere le spiegazioni dei fenomeni. Principalmente dunque, sono state utilizzate strategie creative e collaborative. Attraverso la metodologia del learning by doing, gli alunni sono spronati a comprendere gli aspetti teorici della luce facendo ricorso all'esperienza e all'osservazione. Ciò consente di comprendere meglio e generare un apprendimento duraturo. L'esperienza pratica deve però essere affiancata da una riflessione, in modo da non generare azioni meccaniche. Dunque al learning by doing si affianca il thinking by doing.
Organizzazione dell'ambiente di apprendimento	La scuola non è dotata di un laboratorio di scienze o di strumenti scientifici con cui poter svolgere esperimenti. Dunque tutte le attività vengono svolte in aula, in palestra e in cortile. Questi ultimi due spazi sono molto ampi e ben attrezzati, dunque consentono un buon grado di spostamento ai bambini.

	In aula la maggior parte delle lezioni richiedono un cambiamento dei banchi. Durante le attività di circle time i banchi vengono posti in fondo alla stanza e le sedie poste in cerchio. Durante le attività di gruppo vengono realizzate quattro "isole" di lavoro e, infine, durante le attività di coppia non vengono modificati rispetto alle posizioni usuali.
Mezzi, strumenti e materiali	<ul><li>Quaderni</li><li>Penne, gomme, matite</li><li>Lavagna tradizionale</li><li>Lim</li><li>Cartoncini</li><li>Cronometro</li><li>Palle di diverse dimensioni (piccole palline, palla da calcio, palla da basket, palla da pallavolo)</li><li>Scatole di cartone</li><li>Nastro di carta</li><li>Tempera ad acqua</li><li>Tappi di detersivi</li><li>Vaschetta di plastica</li><li>Dischetto di plastica</li><li>Carta vetrata</li><li>Metro</li><li>Polistirolo</li><li>Cd</li><li>Supporti in legno</li><li>Elastici</li><li>Chiodi</li><li>Palloncini gonfiabili</li><li>Bastone</li><li>Bilance da cucine e bilance pesa-persone</li><li>Panno in stoffa</li></ul>
Procedure di individualizzazione	In classe sono presenti tre alunni con disabilità. Un alunno manifesta un ritardo nell'apprendimento ma non è in possesso di alcuna certificazione medica. Durante le attività è stato supportato dall'insegnante ed ha svolto

e personalizzazione (Classe II)	una verifica parziale in forma orale. Il fratello gemello di quest'ultimo mostra una forma lieve di spettro autistico ed un grave ritardo dell'apprendimento. L'alunno viene seguito dall'insegnante di sostegno e dall'assistente alla comunicazione in quanto dimostra un'età cognitiva inferiore all'età anagrafica, non è in grado di leggere, scrivere e contare. Il linguaggio è presente in forma limitata. Ha svolto le attività in gruppo e singole con il supporto dell'insegnante di sostegno, al contrario non ha svolto le prove scritte ma una parziale verifica orale. L'ultimo alunno presenta una disabilità uditiva e viene seguito dall'insegnante di sostegno per 24 ore settimanali. Grazie all'utilizzo di uno strumento medico, risulta perfettamente integrato nell'ambiente classe, non manifesta particolari difficoltà nel linguaggio e nelle discipline scolastiche. Per tali motivi non sono state proposte attività differenziate né verifiche differenziate.	
Procedure di individualizzazione e personalizzazione (Classe V)	Nella classe sono presenti un alunno disabile, un alunno con BES e un alunno straniero. Nel primo caso si tratta di un soggetto affetto da spettro autistico con livello grave; il bambino non riesce a comunicare, ha gravi difficoltà nel linguaggio e nell'interazione sociale, inoltre presenta una grave disabilità intellettiva. La sua età mentale è di circa 3 anni. Viene regolarmente seguito da un'insegnante di sostegno, grazie alla quale è riuscito a svolgere alcune delle attività proposte in gruppo e singolarmente. Nel complesso però non è stato in grado di cogliere il senso globale dell'attività e la grave disabilità ha impedito un lavoro maggiormente personalizzato sull'argomento. Nonostante ciò è stata promossa l'inclusione nel gruppo classe per favorire la relazione tra pari. L'alunno con un bisogno educativo speciale manifesta grandi difficoltà nella lettura, scrittura e nel calcolo. Per tale motivo è stato supportato sia dai compagni durante	

	i lavori di gruppo sia dall'insegnante durante le attività singole. Egli ha svolto le verifiche in forma orale. L'alunno straniero è stato inserito quest'anno in classe e viene dal Regno Unito. Comprende bene la lingua italiana ma mostra diverse lacune nelle discipline.
Svolgimento del lavoro	

Incontro, attività e tempi	Descrizione attività
1° incontro (3 h)	
Presentazione (10 minuti)	L'insegnante si presenta in aula e spiega agli studenti di essere una studentessa universitaria che si prepara a diventare una futura maestra. Precisa di trovarsi in questa classe perché deve realizzare un progetto molto importante e che dunque ha bisogno dell'aiuto di tutti i bambini. Inizialmente non svela la disciplina che verrà affrontata.
Intervista (2 h)	Ad ogni alunno viene sottoposto il questionario di intervista, composto da 10 domande, le quali hanno l'obiettivo di comprendere se è presente nei bambini una consapevolezza implicita o esplicita del pregiudizio di genere, il rapporto dei bambini con le discipline scientifiche e l'autostima che essi nutrono nei confronti di se stessi. Gli studenti vengono registrati tramite apposito registratore. Il

		tempo impiegato è di circa 7/10 minuti ad alunno.

Al termine l'insegnante chiarisce di voler realizzare un intervento didattico su un argomento fisico: le forze! Tutti i bambini devono impegnarsi per diventare dei piccoli scienziati e anticipa loro che verranno svolti esperimenti, lavori in gruppo, sfide e lavori singoli. |
| | **Somministrazione del test sulle preconoscenze**

(40 mintui) | Viene somministrato a tutta la classe un questionario sui contenuti fisici che si affronteranno nelle lezioni successive, per comprendere le conoscenze possedute sull'argomento. |
| | **2° incontro**

(2 h)

Brainstorming

(15 minuti) | Sulla base dei questionari precedentemente compilati dagli alunni, l'insegnante propone un brainstorming in modalità circle time. Inizialmente riprende le domande a cui i bambini hanno risposto in forma scritta e cita le risposte più frequenti. Successivamente propone altre domande stimolo agli alunni per spronarli all'elaborazione di nuove riflessioni. L'insegnante invita alla discussione tutti gli studenti, anche i bambini più timidi. |

	Discussione guidata (10 minuti)	L'insegnante chiarisce il significato del termine "corpo" in fisica e chiede agli alunni cosa si intende quando si afferma che "un corpo è in movimento o in stato di quiete". Gli alunni propongono diversi esempi per descrivere lo stato di un corpo. L'insegnante dice ai bambini che è necessario ancora qualcos'altro per poter descrivere in modo preciso un moto. Si giunge così a parlare di tempo e spazio.
	Esperimento 1: **"Il moto delle palline!"** (40 minuti)	Per far comprendere come queste due grandezze siano collegate al moto, l'insegnante suddivide gli alunni in quattro gruppi (la formazione di essi è casuale). Ogni gruppo realizza un piccolo corridoio nel pavimento con del nastro di carta della lunghezza di 60 cm e larghezza 25 cm. Ogni gruppo ha il compito di far scorrere all'interno di questo piccolo corridoio una pallina e cronometrare il tempo impiegato per percorrerlo tutto. I bambini devono spingere la pallina tre volte, ogni volta sempre con una forza maggiore. L'insegnante realizza alla lavagna una tabella in cui trascrive la variazione del tempo nei tre moti ed invita i bambini a ricopiarla nel quaderno ed annotare i risultati ottenuti del gruppo. Si discute dunque sulla necessità di

		utilizzare il tempo e lo spazio (e le rispettive unità di misura) per descrivere opportunamente il moto di un corpo. I bambini devono confrontare i tempi registrati e ordinarli in ordine crescente.
	Esperimento 2: "**Descriviamo il nostro moto!**" (45 minuti)	Per far compiere l'esperienza del moto in prima persona, l'insegnante propone ai bambini di andare fuori nel cortile per fare una corsa lungo un percorso definito. Gli alunni hanno il compito di misurare il percorso da percorrere utilizzando un flessometro con portata di 5 m. Con l'ausilio di un cronometro la maestra annota il tempo impiegato da ciascun bambino, spronandoli ad andare il più veloce possibile perché una volta tornati in classe avrebbero potuto vedere chi fosse stato l'alunno che aveva impiegato meno tempo a percorrere lo stesso percorso. Infatti, tornati in aula, i bambini realizzano una tabella simile alla precedente ed accanto al nome di ogni alunno trascrivono lo spazio percorso e il tempo impiegato. In questa fase è opportuno effettuare dei confronti nei tempi realizzati dai bambini e procedere poi ad ordinarli.
	3° incontro (2 h)	L'insegnante pone alcune domande stimolo sulla forza, annotando alla lavagna i diversi

	Brainstorming (10 minuti)	contesti in cui la parola viene utilizzata, creando così una prima categorizzazione.
	Proviamo a fare forza! (25 minuti)	Per passare dalle parole alla pratica, l'insegnante chiede ai bambini di mettere in atto diverse situazioni in cui fanno forza. Inizialmente propone di fare forza sugli oggetti più vicini agli alunni (come portacolori, banco, sedia, pallina); successivamente sono invitati a fare forza contro un muro ed altri oggetti pesanti. In questo modo i bambini diventano dapprima consapevoli di fare forza con una sola parte del corpo (le braccia, le mani, il sedere). Successivamente gli alunni vengono portati in palestra e si attirerà la loro attenzione sui piedi, si modificheranno le condizioni di contatto con il pavimento, facendo togliere loro le scarpe, inserendo un tappeto sotto i piedi. È importante chiedere quali muscoli del corpo si gonfiano, dove si sente duro e gonfio. L'insegnante pone molte domande stimolo per far rifletter gli studenti sull'effetto che la forza applicata determina negli oggetti, ad esempio la gomma o il portacolori che vengono piegati. Vengono proposti alcuni giochi: i bambini, suddivisi a coppie,

	"Il campo da gioco" (25 minuti)	devono spingersi con i palmi delle mani, con la schiena e con le piante dei piedi. Viene definito un "campo di gioco" e lo si traccia a terra con il gesso: un grande cerchio diviso da una linea che delimita due aree; vince il bambino che riesce a spingere il compagno all'esterno della sua area. Gli studenti possono dunque sperimentare con il proprio corpo e osservare cosa succede ad esso durante il gioco, quanta forza hanno usato, dove sentono la forza etc. Durante gli esempi pratici, la maestra indica come punto di applicazione il punto nel quale viene applicata la forza.
	Rappresentazione grafica (20 minuti)	I bambini verbalizzano le loro sensazioni e tutto può essere rappresentato con disegni; in essi l'insegnante chiede di indicare tramite delle frecce, le parti del corpo con le quali hanno fatto forza e/o subito forza.
	Verbalizzazione finale (15 minuti)	Al termine, i bambini verbalizzano collettivamente l'esperienza vissuta e l'insegnante pone alcune domande stimolo, come "quando facevi forza sulle mani del compagno, sentivi che anche lui faceva forza su di te? E quando invece spingevi il muro?". In questo modo gli alunni condividono le loro ipotesi e idee.

	4° incontro (2 h) **Riepilogo** (10 minuti)	Gli alunni vengono disposti in circle time ed insieme si riprendono gli argomenti trattati nella lezione precedente.
	Introduzione del concetto di attrito: il moto della penna (30 minuti)	L'insegnante introduce il primo principio della dinamica, secondo il quale un corpo rimane nel suo stato di quiete o di moto rettilineo uniforme finché non interviene una forza esterna ad alternarne lo stato. Questo concetto è in contrasto con l'esperienza quotidiana secondo cui lo stato naturale di un corpo è la quiete. Per far dunque comprendere il primo principio della dinamica è necessario, seppur brevemente, introdurre il concetto di attrito. L'insegnante mostra il moto di una penna sul pavimento della classe; successivamente mostra una vaschetta rettangolare riempita di terra e mostra il moto della penna in essa. I bambini si accorgono immediatamente che la durata del moto è differente in base alla superficie sulla quale si muove la penna. L'insegnante sprona gli alunni a proporre diverse ipotesi per spiegare perché ciò accade; si arriva alla conclusione che nel terreno sono presenti più irrogolarità

			che rallentano il moto della penna.
			La maestra introduce il termine attrito, cioè quella forza che si esercita tra due corpi quando cercano di muoversi strusciando l'uno rispetto all'altro. L'insegnante descrive alcuni semplici esempi, come nel caso del ghiaccio, nel quale si scivola molto facilmente, mentre in superfici più ruvide non si scivola. Non si addentra nel dettaglio perché l'argomento della forza di attrito verrà trattato in maniera più approfondita successivamente.
	Esperimento 3: **"Il cd e il palloncino"** (1 h)		L'insegnante porta a riflettere gli alunni su cosa accadrebbe ad esempio ad un cd se venisse lanciato per terra o su una superficie ricoperta d'olio. Dopo aver ascoltato le ipotesi avanzate, l'insegnante utilizza effettivamente un cd e mostra il moto del corpo nei casi sopra citati. Si arriva alla conclusione che in una superficie liscia e dunque con meno attrito, il corpo si muove più a lungo.
			Ma cosa succede se si elimina completamente l'attrito?
			I bambini avanzano ancora una volta ipotesi ma la risposta li lascerà sorpresi: in assenza di altre forze, il corpo continuerà a muoversi (di moto rettilineo uniforme) senza mai fermarsi mantenendo una velocità costante. Per dimostrarlo tutti i bambini realizzano un piccolo

		esperimento per eliminare quasi completamente l'attrito. L'insegnante infatti chiarisce che è impossibile eliminarlo completamente.
		Per la realizzazione dell'esperimento i bambini vengono divisi in coppie (i compagni di banco); durante la lezione precedente era stato chiesto ad ogni coppia di portare un vecchio cd e il tappo di un detersivo svelto. L'insegnante distribuisce un palloncino ad ogni coppia e aiuta i bambini ad incollare il tappo del detersivo nel cd, con la colla. Successivamente il palloncino viene gonfiato e attaccato al beccuccio del tappo che viene sollevato. In questo modo l'aria contenuta nel palloncino può fuoriuscire e creare un piccolo cuscinetto d'aria sotto il cd. I bambini notano immediatamente come adesso il corpo si muove a velocità costante senza fermarsi. Le coppie collaborano nella realizzazione dell'esperimento e giocano insieme una volta completato.
	Verbalizzazione (10 minuti)	Tutti riflettono e discutono sulla spiegazione di questo fenomeno.
	5° incontro (2 h)	L'insegnante riprende brevemente gli argomenti già

	Riepilogo (10 minuti)	trattati, facendosi aiutare dagli alunni.
	Attività in palestra: lancia la palla! (20 minuti)	L'insegnante porta gli alunni in palestra dove chiede di applicare una forza su una palla (super santos, dunque un corpo leggero). Successivamente chiede di esercitare quanto più possibile la medesima forza su un pallone da pallavolo e su un pallone da basket, dunque più pesanti. I bambini possono costatare che il moto dei tre corpi sarà differente e che ciò è collegato in qualche modo al loro "peso". Una volta che gli alunni utilizzano questa parola, l'insegnante chiede loro se hanno mai sentito parlare di massa e quale pensano sia la differenza tra essa e il peso. I bambini verbalizzano le loro ipotesi e solo al termine l'insegnante chiarisce la differenza tra i due termini.
	Esperimento 4: **"La costruzione delle bilance"** (Classe 2°) (80 minuti)	Vengono proposte due attività differenti per le due classi. Per la classe 2° viene proposto un esperimento attraverso il quale riflettere sulla massa e il peso di alcuni oggetti e verificarne il peso attraverso due bilance. Sulla cattedra infatti l'insegnante distribuirà diversi oggetti e gli studenti dovranno misurarli, confrontarli, ordinarli

			ed annotare tutto nel quaderno: zollette di zucchero, bottiglie di plastica, una mela, un paio di occhiali da sole, un foglio. Gli studenti vengono divisi in quattro gruppi mono genere. Ogni gruppo ha il compito di utilizzare due diverse bilance: la bilancia "a braccia uguali" e una bilancia digitale ad uso casalingo.
			L'insegnante porrà particolare attenzione alle unità di misure utilizzando, avendo cura di far osservare agli alunni come la massa si misuri in chilogrammi e grammi.
	Esperimento 4°: "La bilancia e il bastone" (Classe 5°) (80 minuti)		Per la classe 5° viene proposto un altro esperimento, nel quale viene utilizzata una bilancia pesa-persone e un bastone, con l'obiettivo di far riflettere sull'esistenza di sistemi all'interno dei quali le forze sono in equilibrio. È importante far comprendere agli alunni che essa è un misuratore di forze, anche se viene usato normalmente solo per la forza peso. Questo passaggio è fondamentale per capire come la bilancia "senta" le forze in gioco a prescindere dal peso.
			Si invita gli alunni ad ipotizzare la variazione del peso registrato dalla bilancia in tre differenti situazioni:

- Alunno sulla bilancia che spinge con il bastone sulla bilancia stessa

- Alunno sulla bilancia che spinge con il bastone sul pavimento

- Alunno sulla bilancia che spinge con il bastone sul soffitto

Ogni alunno disegna graficamente le tre diverse situazioni e ipotizza la variazione del peso. Successivamente ogni alunno avrà la possibilità di mettere in atto le tre situazioni e verificare la validità delle proprie ipotesi.

Nella prima situazione, alcuni possono prevedere che la bilancia segni di più quando il bambino esercita una forza sul bastone. La forza che fa il bambino è in realtà una forza che serve solo per spostare l'appoggio del peso del corpo dai piedi al bastone. Sicché il bambino pesa meno sui piedi ma corrispondentemente pesa di più sul bastone, per cui la bilancia non può che segnare lo stesso peso.

Nella seconda situazione un po' di peso se ne va dalla bilancia e va a terra, la bilancia avverte l'alleggerimento dei piedi e segna di meno. La verifica che il peso viene trasferito dai piedi al bastone si ha mettendo una seconda bilancia sotto il bastone: la somma di quanto registrato dalle due bilance è uguale al peso iniziale.

Nella terza situazione il bambino preme il bastone sul soffitto: si tratta di un peso che schiaccia la bilancia a cui si aggiunge la forza espansiva che viene fatta tra bilancia e soffitto tramite il bastone. Per cui sentiranno delle forze sia la bilancia che il soffitto. La bilancia registra un incremento di peso dovuto alla forza muscolare esercitata contro il soffitto che risponde con la stessa forza, la quale viene "sentita" dalla bilancia. Ora gli alunni riescono a "produrre" forza perché si allungano espandendosi tra due sistemi: la bilancia e il soffitto.

Dalle rappresentazioni grafiche, si può inoltre riflettere sulla direzione e sul verso delle forze; nel caso in cui entrambe sono le stesse si avrà un aumento, nel caso in cui direzione e verso sono discordi si avrà una diminuzione.

	Confronto dati e verbalizzazione finale (15 minuti)	Al termine di entrambi gli esperimenti, tutti i dati raccolti vengono confrontati con le ipotesi precedentemente stilate dagli studenti.
	6° incontro (2 h)	L'insegnante chiede ai bambini di replicare alcuni esempi

	Discussione guidata (15 minuti)	pratici in cui esercitare una forza, come già fatto durante le prime lezioni. Chiede dunque se, oltre la direzione di cui hanno già discusso, sono in grado di indicare alcune caratteristiche delle forze. Ricorda chiaramente gli esempi in cui i bambini spingevano un compagno con le mani o con i piedi e le sensazioni descritte. Attraverso questi esempi e domande guidate, gli studenti si rendono conto che per applicare una forza devono essere presenti almeno due corpi. Si arriva ad affermare che una forza è sempre frutto dell'interazione fra due corpi. In una interazione sono sempre presenti due forze, uguali e opposte, perché l'oggetto/persona a cui la forza è applicata risponde applicando a sua volta una forza all'oggetto/persona che gliel'ha applicata: la prima forza viene chiamata azione, la seconda reazione. Per dimostrare ciò, l'insegnante chiede ai bambini di applicare una forza prima contro il muro e poi contro un compagno, sedendosi l'uno di fronte all'altro, con i piedi congiunti. La maestra chiede agli alunni di descrivere le sensazioni provate fisicamente nelle diverse parti del corpo.

	Esperimento 5: "**La costruzione della fionda**" (1 h)	Per chiarire maggiormente il concetto l'insegnante propone un esperimento: costruire una semplice fionda, con l'utilizzo di due legnetti e di alcuni elastici. Ogni bambino costruirà singolarmente la propria. Ad ognuno verranno dati due o tre bastoncini in legno, dello scotch e nastro adesivo per unire fra loro i bastoncini e un elastico. Applicando una certa forza con il dito sull'elastico i bambini potranno divertirsi a lanciare piccoli pezzi di carta ma allo stesso tempo sentire chiaramente come anche l'elastico applichi una qualche forza sul loro dito. Utilizzandola, dovranno descrivere le forze che riescono ad individuare, dando ad ogni forza un "nome" che indichi i due oggetti che sono in relazione. Inoltre, devono descrivere la forza con cui le dita tendono l'elastico e la forza che la fionda e l'elastico stanno applicando sulle dita. Di fondamentale importanza, le domande stimolo che l'insegnante pone per aiutare gli studenti ad avviare tale riflessione.
	Rappresentazione grafica e	Successivamente gli studenti realizzano una rappresentazione grafica dell'esperimento, in cui disegnano le diverse forze

		verbalizzazione finale (45 minuti)	rappresentale con frecce; la maestra suggerisce di prestare attenzione alla direzione. Confrontando i disegni realizzati sarà possibile osservare come alcuni studenti rappresentano le frecce nella medesima direzione ed altri in direzioni opposte. Da questo confronto inizia una discussione basata appunto sul significato della frase "due forze uguali e contrarie".
		7° incontro (2 h) **Riepilogo** (10 minuti)	L'insegnante chiede ad alcuni alunni di provare a riassumere quanto è stato studiato fino a questo momento.
		Verifica intermedia (30 minuti)	Viene somministrata una verifica intermedia. L'insegnante distribuisce la scheda di verifica intermedia in cui sono elencati alcuni effetti della forza. Non tutti però sono corretti; gli alunni devono dunque indicare quali affermazioni sono false e quali invece sono vere, proponendo esempi adeguati.
		Correzione condivisa (30 minuti)	La correzione della scheda viene svolta in modalità collettiva e ogni bambino ha l'opportunità di descrivere, e in alcuni casi realizzare, gli esempi proposti.

	Realizzazione di una mappa concettuale (30 minuti)	Sulla base della scheda appena compilata e ricordando i vari argomenti svolti fino a quel momento, gli alunni devono realizzare una mappa concettuale sulla forza. Per favorirne la realizzazione l'insegnante annota alcune domande chiave alla lavagna da cui prendere spunto per la mappa concettuale.
	Condivisione delle mappe al gruppo classe (20 minuti)	Al termine ogni alunno mostra la propria mappa e la commenta all'insegnante.
	8° incontro (2 h) **Discussione guidata** (15 minuti)	La maestra chiede ai bambini di riassumere quanto è stato studiato fino a questo momento. Ricordando i diversi argomenti, si sofferma sull'esperimento del cd e il palloncino, portando gli alunni a parlare dell'attrito. Si riprende il significato della parola attrito e la differenza tra superfici lisce e ruvide. Invita gli alunni a fare alcuni esempi di superfici più o meno lisce, come il pavimento, il legno, il ghiaccio etc. Con questi esempi, la maestra sprona gli alunni ad individuare quali secondo loro sono le superfici e i materiali sui quali gli oggetti si muovono con più

		facilità e quelli invece in cui si fermano dopo poco tempo.
	Esperimento 6: **"Lo scivolo dell'attrito"** (1 h)	Successivamente l'insegnante divide i bambini in gruppi da 4 componenti mono genere. Mostra alcuni materiali che ha portato: un pezzo di legno di forma rettangolare, un pezzo di legno più piccolo di forma quadrata, un dischetto di plastica, carta vetrata, un panno, un foglio plastificato, cartoncino e polistirolo. L'esperimento consiste nel poggiare i due legni in modo che il più lungo sia posto in verticale e formi un piccolo "scivolo". Alla sua estremità inferiore vengono posti di volta in volta i diversi materiali sopra elencati (panno, cartoncino, polistirolo, carta vetrata). Il dischetto viene posto sull'estremità superiore del legno e fatto scivolare su di esso. La maestra congiunge con un foglio di carta lo scivolo con la superficie posta sotto di esso in modo da eliminare l'angolo vivo che si crea tra scivolo e appoggio, per rendere la discesa del dischetto più regolare. Poi chiede ai bambini di fare delle ipotesi su quali siano, a loro avviso, le superfici che avrebbero esercitato un maggiore attrito e quindi su quali superfici il dischetto si sarebbe fermato prima.

	Realizzazione di una mappa concettuale (30 minuti)	Sulla base della scheda appena compilata e ricordando i vari argomenti svolti fino a quel momento, gli alunni devono realizzare una mappa concettuale sulla forza. Per favorirne la realizzazione l'insegnante annota alcune domande chiave alla lavagna da cui prendere spunto per la mappa concettuale.
	Condivisione delle mappe al gruppo classe (20 minuti)	Al termine ogni alunno mostra la propria mappa e la commenta all'insegnante.
	8° incontro (2 h) **Discussione guidata** (15 minuti)	La maestra chiede ai bambini di riassumere quanto è stato studiato fino a questo momento. Ricordando i diversi argomenti, si sofferma sull'esperimento del cd e il palloncino, portando gli alunni a parlare dell'attrito. Si riprende il significato della parola attrito e la differenza tra superfici lisce e ruvide. Invita gli alunni a fare alcuni esempi di superfici più o meno lisce, come il pavimento, il legno, il ghiaccio etc. Con questi esempi, la maestra sprona gli alunni ad individuare quali secondo loro sono le superfici e i materiali sui quali gli oggetti si muovono con più

		facilità e quelli invece in cui si fermano dopo poco tempo.
	Esperimento 6: "Lo scivolo dell'attrito" (1 h)	Successivamente l'insegnante divide i bambini in gruppi da 4 componenti mono genere. Mostra alcuni materiali che ha portato: un pezzo di legno di forma rettangolare, un pezzo di legno più piccolo di forma quadrata, un dischetto di plastica, carta vetrata, un panno, un foglio plastificato, cartoncino e polistirolo. L'esperimento consiste nel poggiare i due legni in modo che il più lungo sia posto in verticale e formi un piccolo "scivolo". Alla sua estremità inferiore vengono posti di volta in volta i diversi materiali sopra elencati (panno, cartoncino, polistirolo, carta vetrata). Il dischetto viene posto sull'estremità superiore del legno e fatto scivolare su di esso. La maestra congiunge con un foglio di carta lo scivolo con la superficie posta sotto di esso in modo da eliminare l'angolo vivo che si creava tra scivolo e appoggio, per rendere la discesa del dischetto più regolare. Poi chiede ai bambini di fare delle ipotesi su quali siano, a loro avviso, le superfici che avrebbero esercitato un maggiore attrito e quindi su quali superfici il dischetto si sarebbe fermato prima.

		Dopo aver annotato le ipotesi degli alunni, ogni gruppo viene chiamato alla cattedra per eseguire l'esperimento: i bambini fanno scivolare il dischetto, osservano il momento in cui si ferma, annotando la distanza in cm dalla fine dello scivolo fino al punto in cui il dischetto si ferma ed annotano le distanze su un foglio. Per gli alunni di classe 5° viene richiesto di far scivolare tre volte ogni oggetto in modo da determinare la media aritmetica.
	Confronto dati (45 minuti)	Al termine dunque è possibile verificare se le ipotesi formulate erano corrette o meno, comprendendo quali sono le superfici che esercitano un maggiore attrito sul dischetto di plastica. L'insegnante invita tutti i gruppi ad elencare i dati ottenuti dall'esperimento e attraverso essi mettere in ordine i vari materiali, dal più liscio al più ruvido. Così facendo, l'insegnante aiuta i bambini a definire l'attrito come quella forza che si esercita tra due corpi quando cercano di muoversi a contatto, dunque una forza che si oppone al movimento di due corpi. Si effettuano delle considerazioni su quale sia la superficie che esercita maggiore attrito, arrivando alla

		conclusione che più ruvide e rugose sono le superfici, maggiore risulta l'attrito che esse esercitano e dunque più rapidamente un oggetto che si muove su di esse, perde la sua velocità.
	9° incontro (2 h) **Riepilogo** (20 minuti)	L'insegnante pone alcune domande stimolo per ripercorre tutti gli argomenti trattati ed osservare se gli alunni hanno compreso o meno.
	Somministrazione post-test (40 minuti)	L'insegnante somministra il post-test agli alunni.
	Correzione collettiva del test (30 minuti)	Correzione collettiva del test
	Verifica orale (30 minuti)	Al fine di ottenere una validazione completa a 360 gradi, l'insegnante svolge una breve interrogazione agli studenti, ponendo a ciascuno una o due domande. Esse andranno poi a convergere nella valutazione finale, eseguita tenendo conto non solo della correzione del post-test, ma anche della verifica intermedie, dell'osservazione dell'insegnante, degli elaborati prodotti.

	10 ° incontro: (2 h) **Intervista conclusiva** (2 h)	Durante l'ultimo incontro la maestra realizza nuovamente un'intervista in forma singola agli studenti, per valutare il grado di apprezzamento in merito all'intervento didattico e le loro personali considerazioni.

Capitolo 4. La sperimentazione

4.1 Il Campione di lavoro

4.1.1 Il macrocontesto

Il I Circolo Didattico di Bagheria è situato nel centro storico, in particolare al centro dell'asse viario di Corso Umberto I. Esso è formato da due plessi che insistono sulla stessa area: "G. Bagnera", sede della Direzione, degli Uffici di Segreteria, della scuola Primaria e di sezioni della scuola dell'Infanzia, e "Prof. Sac. F. Castronovo", totalmente destinato alla scuola dell'Infanzia.

La presente sperimentazione, riferendosi a classi della scuola primaria, è stata interamente svolta nella sede "G. Bagnera". Quest'ultima è stata il primo edificio pubblico costruito negli anni 30 nella comunità ed oggi rappresenta un vero e proprio monumento storico della città.

Il quartiere in cui sorge la scuola ha una popolazione altamente variegata. Il livello socio-economico delle famiglie della grande maggioranza degli studenti è medio; da una parte l'istituto raccoglie un'utenza medio-bassa proveniente dalle famiglie limitrofe, dall'altro lato raccoglie un'utenza medio-alta proveniente da famiglie appartenenti anche a quartieri differenti della città. Il risultato dunque è un contesto misto.

La scuola offre diversi ampi spazi agli studenti: palestra, campetto sportivo polivalente, Aula Magna, laboratorio di informatica, laboratorio di manipolazione, biblioteca.

Il quartiere in cui insiste l'istituto offre una varietà di attrattive: diversi negozi, un corso ad utilizzo pedonale, due piccole pizze e la Chiesa Madre della città. Poco distante si trova inoltre un cinema.

4.1.2 Il microcontesto: classe 2°

La classe è composta da 20 alunni, di cui 13 maschi e 7 femmine. È presente una bambina proveniente dal Cile, la quale parla e comprende perfettamente la lingua italiana, con una disabilità motoria alla mano destra. Inoltre sono presenti due studenti con disabilità: il primo con disabilità uditiva, il secondo con una forma lieve di spettro autistico e difficoltà nel linguaggio. Il primo alunno viene seguito da un'insegnante di sostegno per 12 ore settimanali, il secondo viene affiancata un'assistente alla comunicazione per circa 12 ore settimanali. I due alunni sono inseriti nel contesto classe e non vivono situazioni di distanziamento sociale. Nonostante ciò il secondo studente non è in grado di legger e scrivere né di eseguire le verifiche proposte per il resto della classe. Egli svolge le attività con il supporto dell'insegnante di sostegno. Infine, il fratello gemello di quest'ultimo manifesta un ritardo nell'apprendimento ma non è in possesso di alcuna certificazione medica. Durante le attività è stato supportato dall'insegnante ed ha svolto la verifica in forma orale

Il gruppo classe non si mostra interamente coeso al suo interno ma si evidenziano piccoli gruppetti isolati fra loro. Gli alunni sono tendenzialmente abituati al lavoro individuale. Molti di essi sono timidi e manifestano difficoltà ad intervenire durante le lezioni; qualora essi però vengano invogliati ed incentivati, partecipano attivamente.

4.1.3 Il microcontesto: classe 5°

La classe è composta da 22 alunni, di cui 15 maschi e 7 femmine. Sono presenti un totale di tre alunni con difficoltà. Il primo è un alunno proveniente dall'Inghilterra, il quale parla e comprende perfettamente la lingua italiana. Nonostante ciò l'alunno mostra difficoltà nell'apprendimento e viene seguito per circa 6 ore settimanali da un'assistente alla comunicazione. Il secondo alunno manifesta un disturbo specifico dell'apprendimento, in particolare dislessia e disgrafia, che lo porta ad avere difficoltà nella lettura e nella scrittura in corsivo. Esso proviene inoltre da un contesto disagiato, in cui non viene seguito adeguatamente dalla famiglia. Infine il terzo alunno è il caso più grave presente: si tratta di un soggetto affetto da sindrome dello spettro autistico. Il livello di severità è il terzo, in quanto le compromissioni sono molto evidenti, con difficoltà nella comunicazione verbale e non verbale, che lo limitano nell'inserimento scolastico e nella vita quotidiana.

Ad eccezione di pochi casi, il livello socio-economico delle famiglie di provenienza è medio-alto. Il gruppo classe si mostra coeso, ad eccezione di due alunne che sono state inserite nella classe all'inizio dell'anno accademico e di un alunno inserito durante il precedente anno scolastico. Gli alunni sono propensi a lavorare in gruppo, intervengono attivamente durante le lezioni. Sono presenti, inoltre, alcuni casi di bambini che si distinguono come casi di eccellenza all'interno della classe.

4.2 Le domande di ricerca

Tale sperimentazione nasce dall'obiettivo di poter rispondere ad alcune domande.

Esse possono essere suddivise in due categorie: da un lato si desidera approfondire la metodologia Inquiry e osservare come possa favorire il passaggio da una conoscenza comune ad una conoscenza scientifica. Nell'era delle competenze, ci allontaniamo sempre di più dalla didattica di tipo tradizionale, consci che essa non consente l'acquisizione di quelle abilità e competenze necessarie alla vita dei futuri cittadini. L'osservazione dei fatti e lo spirito di ricerca dovrebbero caratterizzare un efficace insegnamento delle scienze e dovrebbero essere attuati attraverso un coinvolgimento diretto degli alunni incoraggiandoli, senza un ordine temporale rigido e senza forzare alcuna fase, a porre domande sui fenomeni e le cose, a progettare esperimenti/esplorazioni seguendo ipotesi di lavoro e a costruire i loro modelli interpretativi (Indicazione Nazionali per il Curricolo, 2012).

Dunque, la prima domanda di ricerca risulta essere quella che si interroga su come la metodologia Inquiry favorisca il passaggio da una conoscenza comune, caratterizzata da schemi mentali basati sulle esperienze della vita quotidiana, ad una conoscenza di tipo scientifico, basata invece su uno studio condotto attraverso il metodo sperimentale.

Dall'altro lato si desidera approfondire il tema della diversità di genere: sono diversi gli studi che confermano quanto maschi e femmine si approccino diversamente allo studio delle discipline scolastiche. Tale sperimentazione si focalizza nello specifico della disciplina scientifica, chiedendosi se esiste ancora il tradizionale svantaggio femminile nelle materie di natura scientifica. Se sì, quali sono le cause delle difficoltà incontrate delle alunne? Sono unicamente di natura biologica o convenzionale? Di pari passo si vogliono altresì individuare se diverse strategie didattiche possano condurre a risultati differenti in bambini e bambine, verificando quali potrebbero essere più adatte alle alunne e quali più adatte agli alunni.

Gli studi effettuati negli ultimi decenni indicano ancora la presenza, seppur minore, di tale fenomeno, indicando tra le varie cause una possibile autovalutazione negativa da parte delle studentesse, che potrebbero essere influenzate in modo inconsapevole dagli stereotipi di genere presenti nella nostra società.

Infine, viene analizzata la variabile dell'età: quanto varia la percezione della differenza di genere in bambini di 7 e 10 anni? È presente in loro una prima concezione della differenza di genere tale da incidere effettivamente sullo studio della disciplina?

Le domande di ricerca sono dunque collegate fra loro: qualunque metodologia didattica deve inevitabilmente tenere conto delle diverse variabili presenti in un contesto scolastico, tra cui appunto la differenza di genere. Tale attenzione potrà favorire una didattica che sia realmente personalizzata e che vada incontro ai diversi studenti.

4.3 La metodologia di ricerca e analisi dati

L'atteggiamento di ricerca è una dimensione imprescindibile nei processi educativi e per le diverse professioni educative. La ricerca in questo campo nasce dalla quotidiana e autentica esigenza di capire e intervenire in realtà e contesti educativi (Benevento G, 2015).

Continuamente, nella vita professionale di insegnanti, educatori, operatori, si attivano e si richiedono atteggiamenti di ricerca, ci si interroga su come migliorare la prassi, su come agire in modo più misurato. La ricerca didattica è una forma di ricerca scientifica che mira a rispondere ai problemi conoscitivi sulla realtà mediante un sapere controllabile sulla base dell'evidenza empirica (Benevento G, 2015).

Chiunque voglia condurre e sviluppare una ricerca deve esplicitare le proprie scelte e modalità di indagine.

Il primo livello di scelte e assunti che il ricercatore è chiamato a denunciare è quello ontologico, che richiama la sua visione della realtà. Ho di fatto adottato un approccio realista, che sostiene che la realtà sia conoscibile, in quanto realtà oggettiva e indipendente dal ricercatore.

Sul piano educativo si possono identificare tre blocchi paradigmatici che sintetizzano tre differenti strutture concettuali per condurre ricerche: positivista-quantitativo; interpretativo-qualitivista; teorico-critico.

L' approccio quantitativo mira a inferire, va alla ricerca di significati relativi a individui/gruppi oggetto di ricerca. Si tratta di una ricerca di tipo deduttivo, che si pone come obiettivi quelli di spiegare i fenomeni verificando le ipotesi del ricercatore, identificare le regolarità e generalizzare i risultati. L'approccio qualitativo descrive e cerca di comprendere i fenomeni che osserva; la ricerca è di tipo descrittivo. Si vogliono comprendere i fenomeni a partire dal punto di vista dei soggetti. Viene molto valorizzata l'interazione tra ricercatore e soggetti

Tra queste diverse posizioni, i modelli misti rispondono forse più utilmente alla complessità dei fatti educativi. Solo nella metodologia mista gli approcci qualitativo e quantitativo riescono a convivere, promuovendo una comprensione e un'analisi delle diverse sfaccettature dei fatti educativi.

Gli strumenti di rilevazione dei dati adeguati alle mie domande di ricerca sono diversi. Dato l'approccio misto sopracitato, ho utilizzato strumenti sia qualitativi sia quantitativi, proprio per ottenere un numero maggiore di dati e poter effettuare un'analisi a 360 gradi.

Tra gli strumenti ad alta strutturazione ho utilizzato check list (Allegato 6), pre-test sulle conoscenze, post-test sulle conoscenze, registrazioni vocali delle lezioni, test di verifica in itinere ed osservazioni sistematiche.

Tra gli strumenti semi strutturati ho utilizzato interviste semi strutturate sottoposte agli alunni attraverso un questionario.

Infine, tra gli strumenti a bassa strutturazione ho utilizzato documenti elaborati dagli alunni stessi come parti dei quaderni, schemi, mappe, colloqui clinici.

Ho previsto rilevazioni iniziali e finali (pre-test e post test) che mi consentono di confrontare i dati iniziali con i dati finali ed osservare se gli studenti hanno effettivamente effettuato un passaggio dalla conoscenza comune alla conoscenza scientifica. Ho previsto delle rilevazioni durante il percorso (verifiche in itinere, registrazioni, osservazioni) per comprendere come è avvenuto tale passaggio, quali sono state le maggiori difficoltà incontrate dagli alunni.

Per valutare in che modo gli studenti e le studentesse differiscano nello studio della disciplina scientifica sono stati fondamentali le osservazioni sistematiche, le registrazioni e le interviste semi strutturate.

4.4 Il protocollo di intervista

La sperimentazione prende avvio dalla intervista condotta in modalità singola con ciascun alunno, volta alla conoscenza degli studenti, all'autovalutazione che essi stessi hanno delle proprie competenze in scienze e alla percezione delle differenze e pregiudizi sul mondo maschile e femminile.

Nello specifico viene proposta una tipologia di intervista definita semi-strutturata. Quest'ultima prevede una traccia di domande sugli argomenti che necessariamente devono essere affrontati durante l'intervista. A differenza di un questionario a domande con risposte "chiuse", cioè predeterminate dal rilevatore, essa consente agli intervistati la possibilità di rispondere con libertà e narrare episodi e sensazioni. L'obiettivo primario è accedere alla prospettiva del soggetto studiato, cogliendo le sue categorie concettuali, le sue interpretazioni della realtà e i motivi delle sue azioni.

Quelle da me proposte sono domande guida che consentono ai bambini di raccontarsi e di conseguenza, consentono di analizzare le percezioni, le opinioni, i comportamenti legati al tema della ricerca. A partire da ogni singola domanda l'alunno ha l'opportunità di ampliare e spaziare.

Somministrare un'intervista semi-strutturata richiede alcune cautele: la durata massima non deve superare 5/10 minuti data l'età degli intervistati, è necessario scegliere un luogo non affollato in cui l'intervistato si senta a proprio agio e l'intervistatore deve esplicitare lo scopo dell'intervista. Inoltre è importante mantenere un atteggiamento neutrale, non suggerire le risposte, non ribattere alle affermazioni, non farsi coinvolgere in giudizi sull'argomento trattato.

La scelta di tale strumento è nient'affatto casuale; il campione a cui viene proposta l'intervista semi-strutturata ha un'età compresa fra i 6 e gli 11 anni, dunque bambini che non trarrebbero beneficio alcuno da un tipo di intervista strutturata. D'altro canto, una conversazione libera non avrebbe permesso agli alunni di fornire alcune indicazioni indispensabili ai fini della sperimentazione. Ne consegue che, per poter ottenere le informazioni sopracitati, l'intervista semi-strutturata si configura come lo strumento più adatto per permettere agli studenti di esprimersi e dare voce alle proprie opinioni.

Ho sottoposto agli studenti due interviste, rispettivamente all'inizio e alla fine del percorso didattico.

4.4.1 Validazione del protocollo di intervista iniziale

Il primo questionario, sottoposto durante il primo incontro della sperimentazione, nella sua forma iniziale era composto da 12 domande, suddivise in tre tematiche differenti: conoscenza personale dello studente, percezione degli stereotipi di genere, autovalutazione delle competenze scientifiche.

Esso ha subìto un processo di validazione prima di essere sottoposto agli studenti delle due classi coinvolte nell'intervento progettuale; tale procedura viene effettuata al fine di verificare la corretta comprensione delle domande stimolo ed osservare se il tipo di informazioni ottenute dalle risposte siano coerenti con il tema di ricerca affrontato.

I tre tipi di validazione effettuati sono: a priori, di facciata e di contenuto.

Nella validazione a priori ho ipotizzato le risposte che gli alunni avrebbero potuto darmi, sulla base di quanto appurato negli studi condotti fino a questo momento.

Le risposte alle domande della prima tematica, conoscenza personale dello studente, sono assolutamente personali e per tale motivo non è ipotizzabile alcuna risposta. Inoltre, esse non sono essenziali ai fini della ricerca condotta; riguardano il coloro e il cartone preferito, i nomi dei migliori amici, la presenza o meno di fratelli/sorelle etc.

Le domande inerenti alla seconda tematica sono invece determinanti per rispondere alle domande di ricerca sopracitate. Viene chiesto ai bambini quali siano i loro giochi preferiti, che tipo di lavoretti domestici svolgono, che differenze riscontrano nel comportamento di maschi e femmine. Tali quesiti servono a comprendere se, inconsciamente, è già presente negli studenti una visione di tipo rigido e stereotipato degli atteggiamenti maschili e femminili. Dati gli innumerevoli stimoli e input provenienti oggi dai cartoni e dalle industrie per giocattoli, mi aspetto di ricevere risposte variegate in merito ai giochi preferiti, come ad esempio i giochi del Sapientino che incentivano fin da piccoli all'attenzione per la Terra, per gli esperimenti e quant'altro.

Per quanto riguarda i mestieri, non mi aspetto le classiche risposte come "ballerina/calciatore", in quanto oggi gli studenti possono osservare anche nuovi tipi di lavori da svolgere come lo youtuber, la cantante, l'ingegnere.

Alla domanda "Aiuti la mamma e il papà nei lavoretti domestici", mi aspetto che gli alunni siano stati educati ad avere cura delle proprie cose, dunque a sistemare i giocattoli, tenere in ordine la propria stanzetta, apparecchiare/sparecchiare la tavola; esattamente il tipo di routine messo in atto dalle maestre fin dalla scuola dell'infanzia.

Le domande più complesse sono sicuramente quelle che chiedono di descrivere cosa piace fare alle femminucce e ai maschietti e quali differenze i bambini notano tra i due sessi. Dagli studenti della classe 2° mi aspetto risposte classiche come "alle femmine piace giocare con le barbie, ai maschi con le macchine/videogames"; dagli studenti della classe 5° mi aspetto risposte più articolate, dato che a questa età il confronto con l'altro sesso è maggiore.

Per quanto concerne le domande inerenti all'ambito scolastico, è presumibile riscontrare una netta preferenza per le materie letterarie da parte delle bambine e una preferenza per le materie scientifiche da parte dei bambini, come sostenuto dalla letteratura approfondita. Ciò non esclude la presenza di eccezioni.

Posso dedurre che quasi tutti gli studenti abbiano già condotto piccoli esperimenti scientifici in classe e che siano propensi a volerne eseguire altri. Nonostante ciò, alla domanda "Pensi di essere in grado di eseguire alcuni esperimenti di scienze?", ipotizzo che diverse bambine risponderanno di no o saranno titubanti, in quanto esse tendono spesso a sottovalutare le proprie capacità.

Il quadro complessivo che prevedono potrei ottenere dall'analisi di tale intervista è un quadro misto, caratterizzato da un lato dalla persistenza di alcuni stereotipi ma dall'altro lato anche dalla spinta di una società che, con i suoi continui stimoli, cerca di abbattere le diversità di genere.

Per la validazione di facciata, volta a verificare quanto le domande fossero effettivamente comprensibili e comprese da bambini della stessa fascia di quelli delle classi oggetto dell'indagine, ho sottoposto il questionario a 15 alunni di una classe 2° e a 15 alunni di una classe 5° frequentanti il medesimo istituto "G. Bagnera".

Le domande stimolo inerenti alla prima tematica si sono rivelate di facile comprensione per tutti gli studenti, dunque sono rimaste le medesime nella forma conclusiva dell'intervista.

Le domande inerenti alla percezione degli stereotipi di genere si sono invece rivelate di difficile comprensione per alcuni studenti della classe 2°. In particolare alla domanda "Cosa piace di più ai maschi? Cosa piace di più alle femmine?" molti alunni non sono stati in grado di rispondere, probabilmente perché la domanda è stata posta in modo troppo generico. Essa è stata dunque riformulata, chiedendo alcune informazioni più precise: "Quali sono secondo te, i giochi che piacciono di più ai bambini? E quali quelli che piacciono di più alle bambine?". Un'ulteriore domanda posta non è stata compresa a pieno dai bambini della classe 2°: "Descrivi le femmine e i maschi, descrivendo quello che hanno in comune e ciò che invece hanno di diverso secondo te". Durante l'intervista ho in parte modificato tale domanda, chiedendo invece agli intervistati: "Cosa hanno in comune i maschi e le femmine? Cosa invece è diverso? Prova a pensare a come vi comportate tu e i tuoi compagni in classe".

Le domande inerenti alla terza e ultima tematica, l'autovalutazione delle competenze scientifiche, sono state facilmente comprese dagli studenti e non sono state modificate. Alcuni esempi di esse sono: "Pensi di essere bravo/a in scienze? Pensi di essere in grado di svolgere un esperimento di scienze?".

Nel corso dei colloqui i 30 alunni, adeguatamente spronati, hanno risposto alle domande fornendo molte informazioni utili ai fini della ricerca condotta; per tale motivo non ho ritenuto necessario inserire ulteriori domande. Gli studenti sono stati infatti invogliati a raccontare episodi ed esempi che avvalorassero le loro risposte, in modo da fornire un quadro più ampio possibile di informazioni da analizzare.

Inoltre, dalla validazione a priori ho appurato come ogni colloquio avesse una durata media di circa 8-10 minuti.

Nella forma definitiva dunque l'intervista prevede dieci domande stimolo suddivise in tre tematiche: conoscenza personale dello studente, percezione degli stereotipi di genere, autovalutazione delle competenze scientifiche. Le domande non sono suddivise in modo rigido, al contrario permettono di mettere a proprio agio lo studente, conoscerlo e al contempo approfondire le sue idee, spesso inconsce a questa età, sulle differenze di genere. Alcuni esempi: "Cosa vuoi fare da grande? Qual è il tuo cartone preferito?".

Infine, entrambi i questionari sono stati sottoposti alla validazione di contenuto, proponendoli alla visione di un esperto in materia. Quest'ultimo ha apportato una modifica nel primo questionario di intervista, aggiungendo un quesito finale: "Cos'è la forza secondo te?". In tal modo è possibile ascoltare e comprendere tutto ciò che essi intendono con questo termine, i diversi contesti in cui lo utilizzano e i significati che gli attribuiscono.

4.4.2 Analisi delle interviste iniziali classe 2°

Il protocollo di intervista è stato proposto a tutti gli studenti durante il primo incontro che ho svolto in aula. Essa si è svolta in una piccola aula generalmente utilizzata da insegnanti o personale Ata, ma disponibile durante gli incontri previsti. In questo modo è stato possibile assicurare un ambiente riservato e registrare le interviste effettuate.

Le prime domande sono servite a mettere a proprio agio i bambini, chiedendo loro il colore preferito, se avessero o meno fratelli o sorelle, il cartone preferito e chi fossero i loro migliori amici. Successivamente si passa alle domande che cercano di approfondire se sia presente in modo inconscio il pregiudizio di genere.

La prima domanda in tal senso riguarda i giochi che gli alunni preferiscono: attraverso le risposte è possibile comprendere da un lato le preferenze dei bambini, ma dall'altro anche il modo in cui i genitori cercano di favorire lo sviluppo di possibili interessi nei loro figli, attraverso l'utilizzo di giochi interattivi e stimolanti. Un approccio ludico alla cultura può incoraggiare fin da piccoli i bambini e favorire in loro le passioni più svariate. Le risposte ottenute però non sono state così differenziate, soprattutto tra le alunne; sei hanno risposto di giocare con le bambole e tre con pupazzi di vario tipo, solo una di loro ha detto di giocare a volte anche con i puzzle o con le carte, le altre sostengono che non prediligono altri giochi. Gli alunni hanno invece variato con le loro risposte: i principali giochi sono sicuramente i videogames ma non mancano bambini che preferiscono giocare a nascondino, con le carte, molti con le macchinine, con la palla, con le spade laser, con le costruzioni.

La domanda successiva chiede quale mestiere si voglia svolgere da grande. Se pensiamo alle classiche risposte date pochi anni fa ritroviamo un coro di bambine che tendenzialmente sognano di fare le ballerine e le maestre e un coro di bambini che sognano di fare il calciatore, il poliziotto o l'astronauta. Le risposte che ho ottenuto contengono una più ampia varietà di opzioni, anche se è ancora evidente una differenziazione tra lavori maschili e femminili. Ciò si evince dalle parole di una bambina che afferma:

F.: *"Io voglio fare la cameriera come papà. Lui è bravissimo anche se dice che è meglio che io non la faccio perché è più da maschi, invece le femmine sono più brave a cucinare"*. La maggior parte delle alunne (5 su 7 totali) afferma di voler fare la maestra o la professoressa. Le restanti due studentesse vogliono invece diventare una veterinaria e una poliziotta. Per quanto riguarda gli alunni si notano risposte varie ma quasi tutte nell'ambito di quelli che sono considerati lavori di tipo maschile: due bambini affermano di voler diventare calciatori, quattro poliziotti e poi architetto, dottore e pasticcere. Si registra una particolarità, un bambino che afferma:

A.: *"Voglio fare il pittore perché mi piace mischiare i colori"*.

Successivamente ho chiesto loro se e come aiutano i genitori nei lavoretti domestici; attraverso le loro risposte voglio comprendere se i bambini sono responsabilizzati nelle piccole azioni domestiche. Le alunne hanno affermato di aiutare mamma e papà in alcune attività come apparecchiare la tavola, rifare il letto, aiutare a lavare i piatti e in alcuni casi anche a passare l'aspirapolvere. Alcuni tra gli alunni hanno risposto in modo differente, dimostrando appunto la presenza di alcuni pregiudizi di genere. Soltanto due bambini sostengono di aiutare la mamma quando cucina e di sistemare i propri giocattoli; tre rispondono di farlo solo a volte ed infine sei alunni rispondono di non aiutare mai i propri genitori.

R.: *"No io non pulisco perché la mamma dice che è meglio che io non faccio queste cose perché sono piccolo e non sono bravo"*.

Risulta ancora evidente dunque, come primi fra tutti i genitori si aspettino comportamenti diversi da figli e figlie.

La domanda successiva cerca di mettere in evidenza le riflessioni personali degli studenti su maschi e femmine, chiedendo quali potrebbero essere i giochi, gli hobby preferiti da bambini e bambine. Le risposte hanno messo in evidenza un'immagine stereotipata ben nitida, secondo la quale alle femminucce piace giocare con le bambole e ai maschietti piace giocare con le macchinine. La risposta standard di tutti gli studenti è stata la seguente: *"Alle femmine piace giocare con le bambole, ai maschi con le macchinine"*. Alcuni bambini hanno poi aggiunto alcuni dettagli: come un'alunna che dice:

G.: *"Alle femmine piace uscire la domenica mattina e pomeriggio, ai maschi piace uscire e giocare il sabato pomeriggio"*.

Gli alunni in particolare sostengono che ai maschi piace giocare ai videogames e alle femmine, oltre che con le bambole, piace anche danzare e disegnare.

Risposte di tipo più articolato si riscontrano alla domanda "Cosa hanno in comune i maschi e le femmine? Cosa invece è diverso? Prova a pensare a come vi comportate tu e i tuoi compagni in classe". Il quadro generale che emerge è quello della visione delle bambine come calme e brave e dei bambini come monelli. In particolare le alunne affermano:

G.: *"Le femmine sono più ubbidienti, i maschi fanno più capricci"*

C.: *"Maschi e femmine sono diversi e non andiamo molto d'accordo, litighiamo spesso"*.

Anche gli stessi alunni condividono di loro stessi quest'immagine, nonostante alcuni di essi non la rispecchiano nella realtà. Questo probabilmente fa comprendere come tali affermazioni non siano oggettivamente il frutto del proprio pensiero ma piuttosto sono frasi che i bambini potrebbero sentire dagli adulti. Alcuni bambini sostengono:

G.: *"I maschi gridano e litigano, invece le femmine vanno sempre d'accordo"*

A.: *"Le femmine sono più calme, i maschi più agitati"*

F.: *"I maschi gridano, fanno confusione e corrono. Invece le femmine stanno sedute in classe"*.

È presente una piccola eccezione, da parte di un bambino che afferma:

A.: *"Le femmine sono eleganti e più calme, i maschi gridano e fanno confusione. Ma non tutti, io ad esempio non sono così ma i miei compagni sì"*.

Dunque, emerge quella che è una visione stereotipata che non tiene conto delle dovute eccezioni e particolarità, presenti anche nella stessa classe di indagine nella quale molti studenti si dimostrano obbedienti e studiosi.

Le successive domande indagano sul rapporto tra gli studenti e le materie scolastiche, in particolare con la scienza. La tradizione vuole che i maschi siano più attratti per l'appunto da materia scientifiche e le femmine da materie di tipo letterario. In questo caso, tra le bambine si nota una spiccata preferenza per le materie letterarie: 5 affermano che la loro materia preferita è l'italiano e due la matematica. Tra le materie che invece preferiscono meno studiare, 4 rispondono la matematica e le altre rispettivamente italiano e scienze. I bambini rispondono elencando anche altre materie; tra le discipline preferite 5 bambini dicono matematica, tre educazione fisica, quattro inglese e solo uno italiano. Tra le materie che meno piacciono invece quattro alunni dicono italiano, quattro scienze, tre matematica e due geografia. Ricordiamo che in questa classe, i maschi sono quasi il doppio rispetto alle femmine, ma appare evidente come in quest'ultime i dati siano più concordi con una visione stereotipata.

Tutti gli alunni, tranne una bambina appena trasferitasi nella classe, sostengono di aver svolto almeno un esperimento di scienze e che sarebbero molto felici di farne altri in classe.

È interessante osservare le risposte date dagli allievi alla domanda "Pensi di essere bravo/a in scienze?". Gli studi condotti affermano che generalmente le alunne si sottovalutano, considerandosi spesso meno brave dei compagni nelle discipline scientifiche e matematiche. In questo caso però quattro alunne sostengono di essere brave e tre di esserlo poco o "così così". Quando viene poi chiesto loro se pensano di poter eseguire un esperimento, con o senza l'aiuto dell'insegnante, tre bambine sostengono di essere in grado di farlo e le altre, nonostante abbiano appena affermato di essere brave in scienze, sono molto titubanti e rispondono forse o no. Alcune appunto affermano:

G.: *"Penso che sarà difficile"*

G.: *"Insieme ai miei compagni si, da sola no"*

M. C.: *"Penso di saperli fare da sola ma preferiscono in gruppo"*

Alle medesime domande sono quattro gli alunni che sostengono di non essere molto bravi in scienze, i restanti nove invece affermano di essere bravi, alcuni anche bravissimi. Anche per quanto riguarda la possibilità di svolgere alcuni esperimenti, le risposte sono molto positive, con ben undici di loro che sostengono di essere in grado di farli anche da soli. Alcuni poi aggiungono:

A.: *"So farli da solo ma vorrei fare gli esperimenti con i compagni perché mi diverto di più"*

F.: *"Li so fare sia solo che in gruppo"*

Un solo alunno afferma:

R.: *"Da solo non sono capace, con i miei compagni si"*.

È chiaramente invertita dunque la tendenza rispetto alle alunne, nelle quali un numero maggiore sostiene di non essere capace, soprattutto se da sola. Quest'ultime infatti appaino più propense a lavorare in gruppo rispetto ai compagni.

Il quadro che emerge si discosta solo in parte dalle ipotesi effettuate durante la validazione di facciata. Negli alunni è sicuramente presente una visione stereotipata dei comportamenti e delle abitudini di maschi e femmine ma d'altro canto non è presente una preferenza netta degli alunni verso le materie scientifiche e delle alunne verso le materie umanistiche. Si evidenzia invece una maggiore autostima negli studenti che potrà essere verificata durante le diverse attività che verranno svolte.

4.4.3 Analisi delle interviste iniziali classe 5°

Il protocollo di intervista è stato proposto a tutti gli studenti durante il primo incontro che ho svolto in aula. Esso si è svolta nella stessa stanza utilizzata con gli studenti della classe 2°, in serenità e senza alcuna interruzione, in modo da mettere a proprio agio gli alunni e da poter registrare le varie interviste.

Gli alunni della classe 5° sono quasi giunti al termine del percorso di scuola primaria, dunque rispetto ai compagni della classe inferiore, oltre a possedere un numero maggiore di conoscenze e abilità, hanno certamente una consapevolezza più profonda dell'universo maschile e di quello femminile.

Le prime domande sono appunto servite a mettere a proprio agio i bambini, chiedendo loro il colore preferito, se avessero o meno fratelli e sorelle, il cartone preferito e chi fossero i loro migliori amici.

Successivamente si passa alle domande che cercano di approfondire se siano presenti in loro pregiudizi di genere. La prima domanda riguarda i giochi che gli alunni preferiscono; mi aspetto una diversificazione maggiore rispetto agli alunni della classe 2° ed un utilizzo maggiore della tecnologia ma con un chiaro distinguo tra giochi femminili e maschili. In effetti sono cinque gli alunni che rispondono di giocare principalmente con la playstation e con giochi nel telefono e sei invece gli alunni che sostengono di preferire il calcio. Si nota fin da subito un'eccezione nel gruppo maschile: si tratta di un bambino che ama danzare e sogna di diventare un ballerino. Quest'ultimo ha la chiara consapevolezza di rappresentare una particolarità per il genere maschile, infatti sostiene:

A.: *"Lo so che di solito ai maschi piace il calcio ma a me piace la danza! All'inizio era strano poi i miei compagni si sono abituati"*.

Tra le bambine si notano invece due tendenze nette: da un lato tre bambine sostengono di giocare molto con la Wii o con giochi del telefono, dall'altro quattro bambine preferiscono giocare con le bambole o a nascondino e sentono la necessità di "difendersi":

M.: *"Lo so che è un po' da bambine piccole e che le mie compagne non ci giocano più ma a me piace ancora giocare con le bambole"*

La domanda successiva chiede quale mestiere si voglia svolgere da grande. Cosa sognano i nostri studenti? I loro desideri sono in qualche misura influenzati ancora da pregiudizi di genere o si fanno guidare unicamente dalle loro passioni e interessi? Le risposte sono molto varie, dunque è opportuno analizzare se il trend di risposte femminili rispecchia mestieri femminili o meno e lo stesso per le risposte maschili. Le alunne rispondono di voler fare le ballerine, la parrucchiera, la truccatrice e la veterinaria; una sola bambina sostiene di non sapere cosa fare. Anche i mestieri scelti dagli alunni si muovono nell'ottica maschile: la maggior parte, quattro di loro, vogliono diventare calciatori, due invece meccanici, due i cuochi e poi archeologo, professore, poliziotto e l'elettricista. Molto particolare la conversazione con uno studente:

R: *"Io voglio insegnare matematica"*

Intervistatore: "Vuoi fare il professore o il maestro di matematica?"

R: *"No il professore, perché alle elementari le maestre sono tutte femmine"*.

Dunque è più che evidente come negli studenti sia ben chiara quella che è la distinzione tra mestieri di impronta femminile e mestieri di impronta maschile e come essi non sentano la necessità di ribaltare questa visione, a parte l'eccezione prima citata dell'alunno che sogna di diventare un ballerino.

Successivamente ho chiesto loro se e come aiutano i genitori nei lavoretti domestici; questi alunni dovrebbero aver raggiunto un livello di autonomia non solo scolastica ma anche in casa, nell'organizzazione degli spazi privati e comuni.

Tra le bambine solo una afferma di non aiutare in alcun modo i genitori, le altre rispondono di svolgere saltuariamente qualche piccolo lavoretto, come sistemare i propri vestiti, passare l'aspirapolvere, apparecchiare la tavola. Un'alunna in particolare afferma: C.: *"Si, io sistemo sempre i piatti e aiuto a spolverare! Ah e mi sistemo la camera da sola"*

Intervistatore: "Davvero fai sempre queste cose? Non ogni tanto?"

C.: *"No sempre altrimenti la mamma mi rimprovera"*

Tra gli alunni aumenta il numero di coloro che affermano di non aiutare i genitori nelle sistemazioni giornaliere della casa; cinque studenti rispondono con un deciso "No", mentre quattro sostengono di sistemare la propria stanza e apparecchiare la tavola solo a volte. Quattro di loro invece affermano di partecipare attivamente all'ordine e alla pulizia della casa, o all'accudimento del fratellino più piccolo nel caso di un alunno. È interessante notare come nella domanda si sottolinei di non aiutare solo un genitore, ma entrambi, dunque sia la madre che il padre, ma nonostante ciò, nelle risposte date alcuni alunni parlano solo della mamma.

A.: *"Qualche volta aiuto la mamma a sistemare la mia stanza"*

A.: *"Si, sempre aiuto la mamma"*

Né i maschi né le femmine sembrano dunque dimostrare in casa quel livello di autonomia e gestione dei propri spazi che ci si aspetta da studenti della propria età; il fenomeno però appare più accentuato negli alunni piuttosto che nelle alunne.

La domanda successiva cerca di mettere in evidenza le riflessioni personali degli studenti su maschi e femmine, chiedendo quali potrebbero essere i giochi, gli hobby preferiti da bambini e bambine.

Le risposte delle studentesse sono varie, esse elencano diverse attività che facilmente si collegano all'altro sesso, come giocare alla playstation, con le figurine, con le macchinine, a calcio, i videogiochi, con il Nds. Per quanto riguarda i giochi femminili invece si notano nuovamente due gruppi: da un lato alcune affermano che alle bambine piace giocare con le bambole a nascondino, dall'altro lato le rispettive compagne affermano:

M.: *"Le bambine non giocano più con le bambole, preferiscono la danza. Ai maschi piacciono la playstation e le figurine"*

O.: *"Ai maschi piacciono i videogiochi e il calcio e alle femmine le bambole e la danza"*

La danza sembra essere fortemente collegata agli interessi femminili: tutte le bambine infatti nominano questo sport tra gli hobby preferiti delle femmine. Ma non solo; anche i maschietti condividono questa idea. La consueta associazione con le bambole viene in alcuni casi sostituita e/o affiancata dall'associazione con la danza. Gli alunni affermano che invece che a loro piace molto il calcio, ma anche il basket, la playstation, fare motoria, con i videogiochi, la guerra, le macchine, le corse. Tra le loro affermazioni, si nota l'eccezione di un bambino:

G.: *"Ai maschi piace il calcio, il basket e ad alcuni la danza, come ad A.. Alle femmine piace danzare"*

Entrambi gli immaginari sono dunque orientati ad una visione circoscritta degli interessi maschili e femminili, che riprendono gli schemi e le idee degli alunni della classe 2° con l'aggiunta di alcune attività. Si nota un numero maggiore nella descrizione degli interessi maschili da parte degli stessi maschi ma comunque anch'essi ristretti a pratiche considerate "maschili".

Il quadro si arricchisce di maggiori dettagli con la domanda successiva, nella quale viene chiesto di descrivere le similitudini e le differenze riscontrate nella vita quotidiana fra maschi e femmine. Emergono caratteristiche diverse, ma anche comportamenti anche gli alunni attribuiscono rispettivamente alle femmine e ai maschi. Entrambi i due sessi sostengono le medesime idee, descrivendo le bambine come più gentili, studiose, calme e i bambini come più monelli, disordinati. In particole alcune alunne affermano:

E.: *"Le femmine sono più dolci, i maschi più prepotenti"*

G.: *"Le femmine sono più calme; i maschi sono più agitati"*

G.: *"Maschi e femmine si completano. Le femmine fanno più lavori in casa, i maschi sono più vivaci"*

L'ultima frase è molto esplicativa. Tale idea non è altro che il frutto di un condizionamento culturale, che porta questi bambini a credere che determinate azioni sia prerogative di un solo sesso, piuttosto che dell'altro.

Anche gli alunni affermano:

G.: *"Siamo diversi in tutto, le femmine sono dolci, i maschi no"*

F.: *"Le femmine sono più aggraziate, i maschi sono più aggressivi e gridano di più"*

T.: *"I maschi sono più forti, fanno meglio ed. fisica perché fanno più sport. Le femmine studiano di più"*

Sono tre i bambini che descrivono i maschi utilizzando l'aggettivo forte, un dettaglio che può permettere di cominciare a comprendere il significato che essi attribuiscono al concetto di forza, al quale appunto legano una connotazione maschile.

È interessante evidenziare come nessun alunno abbia cercato di riflettere sulle caratteristiche in comune tra i due sessi; anche nel caso in cui li ha spronati a farlo, le risposte sono state di questo tipo:

G.: *"Noi non abbiamo niente in comune"*

Le successive domande indagano sul rapporto tra gli studenti e le materie scolastiche, in particolare con la scienza. La tradizione vuole che i maschi siano più attratti per l'appunto da materia scientifiche e le femmine da materie di tipo letterario. Le risposte date dalle alunne sono invece varie: solo una afferma di preferire l'italiano, le altre invece musica, inglese, scienze e due matematica. Lo stesso vale per le materia che meno preferiscono studiare: la maggioranza, tre alunne, rispondono che la materia che piace loro è la storia, le altre rispettivamente tecnologie, italiano e matematica. Non appare dunque questa netta preferenza per le materia letterarie ma una equa differenziazione fra le sette studentesse.

Nelle risposte date dagli studenti si nota una leggera preferenza per la matematica, ma non si tratta di una preferenza netta: sei di loro, dunque poco meno della metà affermano che la loro materia preferita sia la matematica, gli altri citano soprattutto arte e educazione fisica. Solo un bambino invece risponde nominando la disciplina italiano. Tra le materie che meno piacciono tra i ragazzi, la maggioranza risponde storia, tre alunni italiano e altri tre matematica. L'elevato numero di studenti, sia maschi che femmine, che dicono non trarre particolare piacere nello studio della storia, fa pensare non ad una differenza di genere, ma all'utilizzo di strategie didattiche da parte dell'insegnante che non si adattano al gruppo classe.

Tutti gli alunni, tranne due alunni che sono stati appena trasferitasi nella classe, sostengono di aver svolto almeno un esperimento di scienze e che sarebbero molto felici di farne altri in classe.

È interessante osservare le risposte date dagli allievi alla domanda "Pensi di essere bravo/a in scienze?". Gli studi condotti affermano che generalmente le alunne si sottovalutano, considerandosi spesso meno brave dei compagni nelle discipline scientifiche e matematiche. Dalle risposte date emerge che metà delle alunne pensano di essere brave, metà non molto o addirittura assolutamente no. È il caso di una studentessa che dice:

G.: *"Non sono brava...Non ho mai fatto esperimenti ma non li so fare"*

Successivamente tra le alunne che sostengono di essere brave in scienze, tre di esse affermano di non essere però così sicure di saper svolgere correttamente ipotetici esperimenti, dunque sarebbe meglio farli in gruppo o con l'aiuto dell'insegnante. Tra gli alunni solo due sostengono di non essere bravi e altri due di esserlo poco; la maggioranza, sette di loro, sostiene di non manifestare particolari problemi con le scienze. La tendenza è perfettamente invertita rispetto alle ragazze: quest'ultime, anche nei casi in cui pensano di essere brave nello studio della disciplina, poi non sono così sicure della possibilità di svolgere gli esperimenti richiesti, soprattutto se da sole, al contrario tutti gli studenti che affermano di essere bravi, sostengono poi di essere in grado di svolgere molti esperimenti, anche da soli. Perfino un alunno che afferma di non essere molto bravo, subito dopo dice:

G.: *"Si, ma gli esperimenti li so fare. Dipende quali sono, ma li so fare"*

Inoltre, solo tre alunni sostengono di avere ipoteticamente bisogno dei compagni per svolgere gli esperimenti. Quest'ultime infatti appaino più propense a lavorare in gruppo rispetto ai compagni, mentre altri sostengono di essere perfettamente in grado di farcela da soli, affermazione del tutto assente tra le bambine, le quali sembrano preferire i lavori di gruppo.

Anche in questo caso, il quadro che emerge si discosta solo in parte dalle ipotesi effettuate durante la validazione di facciata. Rispetto agli alunni della classe 2°, in essi si nota una descrizione in parte più dettagliata delle caratteristiche maschili e femminili ed anche una maggiore consapevolezza delle differenze di genere, presente in maniera inconscia negi studenti più piccoli. D'altro canto non è presente una preferenza netta degli alunni verso le materie scientifiche e delle alunne verso le materie umanistiche. Si evidenzia invece una maggiore autostima negli studenti che potrà essere verificata durante le diverse attività che verranno svolte.

4.5 Il pre-test

Il pre-test sulle conoscenze degli studenti ha l'obiettivo di valutare il livello di conoscenze pregresse in merito agli argomenti che verranno successivamente trattati. Un'insegnante non può prescindere dalla somministrazione di tale test per due motivi fondamentali.

Il primo riguarda la strutturazione del percorso didattico; in base alle conoscenze già possedute dagli allievi è possibile realizzare una progettazione che parta da esse. Attraverso l'analisi del test emergono i dubbi, le perplessità, le concezioni errate degli studenti e le loro difficoltà. Tra le conoscenze pregresse degli studenti possono infatti annidarsi errori e imprecisioni che interferiscono attivamente con l'apprendimento di nuovi argomenti. Preconoscenze a volte erronee, a volte insufficienti, altre volte inadatte al contesto di studio, e che comunque influenzano il modo in cui gli studenti filtrano e interpretano le nuove informazioni. A partire da esse l'insegnante può comprendere in quale direzione sviluppare il proprio intervento progettuale per rispondere alle esigenze degli alunni.

Il secondo motivo riguarda il confronto finale che sarà possibile effettuare con il post-test sulle conoscenze. Le domande rimangono invariate e in tal modo l'insegnante può analizzare il cambiamento verificatosi negli alunni, i concetti che essi hanno effettivamente o meno appreso. Solo attraverso questa comparazione è realmente possibile determinare come e in che misura si è verificato il cambiamento concettuale, analizzare in che modo convivono i modelli dei due tipi di conoscenza, comune e scientifica, negli alunni. Attraverso tali analisi sarà di conseguenza possibile valutare l'efficacia della metodologia Inquiry utilizzata.

Il test sulle preconoscenze somministrato alle due classi di scuola primaria è composto da dieci domande riguardanti le definizioni di corpo, moto, spazio, tempo, forza, peso, massa e attrito. Saaaaaaa>

4.5.1 Validazione del pre-test

Precedentemente alla somministrazione del pre-test, è necessario anche in questo caso effettuare i tre tipi di validazione: a priori, di facciata e di contenuto. Queste fasi sono di necessaria importanza affinché venga sottoposto agli studenti una prova che sia per essi comprensibile e oggettivamente calibrata sulle loro capacità e conoscenze.

Il primo tipo di validazione effettuata è quella a priori, nella quale ho personalmente provato ad ipotizzare le risposte degli alunni.

Il primo quesito è certamente una domanda a trabocchetto, in quanto tutte le risposte sono corrette. Sicuramente saranno pochi gli studenti che risponderanno correttamente; essa risulterà poi essere il primo imput da cui far prendere avvio all'intero progetto.

Alla domanda numero due, la quale chiede se il tempo e lo spazio siano due grandezze necessarie a descrivere il moto di un corpo, ipotizzo una quasi totalità di risposte corrette da parte degli alunni di 5°, invece nella classe 2° attendo un numero più elevato di risposte errate, in quanto gli studenti non hanno ancora effettuato una vera riflessione sulle grandezze citate.

Alle domande sulla forza suppongo che gli alunni di entrambe le classi rispondano evidenziando un'idea simile: la forza vista come una caratteristica legata alla fisicità del corpo umano, dunque come la capacità di alzare e sollevare oggetti. Alcuni studenti della classe 5° potrebbero associarla alla resistenza o all'idea di bloccare qualcosa. In ogni caso, deduco di osservare risposte legate ad esempi di vita quotidiana, con affermazioni simili alle seguenti: "la forza serve a sollevare gli oggetti", "serve molta forza nel fare gli sport", "tutte le persone sono forti, chi è più muscoloso è più forte". Di conseguenza, ipotizzo un elenco di tipologie di forze legate principalmente all'aspetto fisico; al contempo alcuni alunni potrebbero inserire risposte come "forza di gravità", "Forza eolica", in quanto termini comunemente presenti in videogiochi o film. Infine, al quesito che richiede cosa accada ad un corpo quando su di esso si applica una forza, ipotizzo che le risposte degli studenti siano legate alla distruzione dell'oggetto in questione o ad una sua deformazione, in quanto entrambe sono esperienze tipiche della vita quotidiana.

Sulle domande sulla massa ipotizzo risposte corrette da parte degli alunni sul quesito che riprende una situazione di vita reale, in quanto vicino alla quotidianità dei bambini. All'opposto mi aspetto un numero di risposte errate maggiori per quanto riguarda la differenza fra massa e peso; ipotizzo comunque, che soprattutto gli alunni della classe 5° abbiano avuto l'opportunità di sentire parlare di tale argomento, magari grazie alla tv.

Per quanto concerne le domande sull'attrito, ipotizzo che gli studenti della classe 2° non siano a conoscenza del significato del termine, ma che possiedano una conoscenza comune in merito al perché su alcune superfici i corpi si arrestano prima e in altre il moto dura più a lungo. Alcuni studenti della classe 5° potrebbero invece aver sentito questo termine, ad esempio in alcuni videogiochi di auto e corse. Ipotizzo risposte negative per quanto concerne l'ultimo quesito: "Immagina di lanciare una pallina in una superficie in cui non c'è attrito: quando si fermerà?". La risposta corretta infatti contrasta con l'esperienza comune che i bambini hanno e necessita di uno studio del primo principio della dinamica.

Per la validazione di facciata ho sottoposto il test a dieci studenti di una classe II e dieci studenti di una classe V del medesimo istituto "G. Bagnera".

Il campione individuato dimostra di avere compreso la consegna delle ulteriori domande; alcune delle ipotesi effettuate in precedenza sulle loro risposte si rivelano esatte, altre meno. Nello specifico, gli errori più comuni riguardano le domande sull'attrito, sul corpo e lo stato di quiete, generalmente confuso con il significato comune di tranquillità.

Sono soprattutto gli alunni della classe seconda invece a rispondere in modo errato alla domanda sulla differenza tra la massa e il peso e sullo spazio e il tempo come grandezze necessarie alla descrizione di un corpo.

È interessante notare come le risposte fornite sulla definizione generale di forza siano molto simili per gli alunni di entrambe le classi. Tra le risposte più utilizzate:

"*La forza serve a spostare le cose*"

"*La forza è quella cosa che ci fa lanciare le cose lontano*"

"*La forza è quella cosa che si trova nei muscoli*"

Alla richiesta di elencare i diversi tipi di forze conosciute, gli alunni della classe seconda hanno scritto soprattutto forze legate al corpo e ai muscoli, come "forza muscolare" o "forza fisica". In modo similare, anche gli alunni della classe quinta hanno elencato forze del genere, aggiungendo però in alcuni casi "la forza terrestre".

Entrambe le domande sull'attrito sono state per lo più sbagliate; alcuni alunni della classe quinta però hanno effettivamente dimostrato di conoscere o di aver sentito parlare di attrito, ma di non saperlo spiegare.

Durante lo svolgimento del questionario, gli alunni hanno richiesto diversi chiarimenti per alcune domande, in particolare: "*Cos'è la forza? L'attrito è una forza che si sviluppa fra due superfici che vengono a contatto fra loro? Descrivi gli effetti che una forza può avere su un corpo.*"

Ho aiutato gli studenti cercando di rendere tali domande più comprensibili, ma la loro difficoltà era tangibile. Successivamente dunque modifico in parte tale quesiti. In particolare sostituisco la domanda sull'attrito con la seguente: "L'attrito è una forza che rallenta il movimento dei corpi?". Per quanto concerne invece i quesiti sulla forza, essi sono indispensabili per comprendere a pieno la conoscenza comune che gli studenti posseggono, dunque non vengono sostituiti ma in parte modificati. Così la domanda sugli effetti della forza diventa una domanda a crocette e non più a risposta aperta, in quanto soprattutto per gli alunni della classe II essa è risultata estremamente complessa. Infine, per quanto concerne la domanda iniziale "Cos'è la forza", essa non può essere in alcun modo modificata o sostituita; decido però di aggiungere un'ulteriore domanda che può fungere da spunto per gli studenti. Si tratta di un quesito a crocette, che chiede a cosa serva la forza.

La validazione a priori è stata dunque molto utile, in quanto mi ha permesso di modificare le domande più complesse e aggiungerne due, per un totale complessivo di dodici.

Infine, ho effettuato la validazione di contenuto, proponendo il test alla visione di un esperto in materia. Il suo contributo e i suoi commenti positivi hanno concluso il mio percorso di validazione, confermando come le modifiche riportate siano state corrette.

4.5.2 Risultati classe 2°

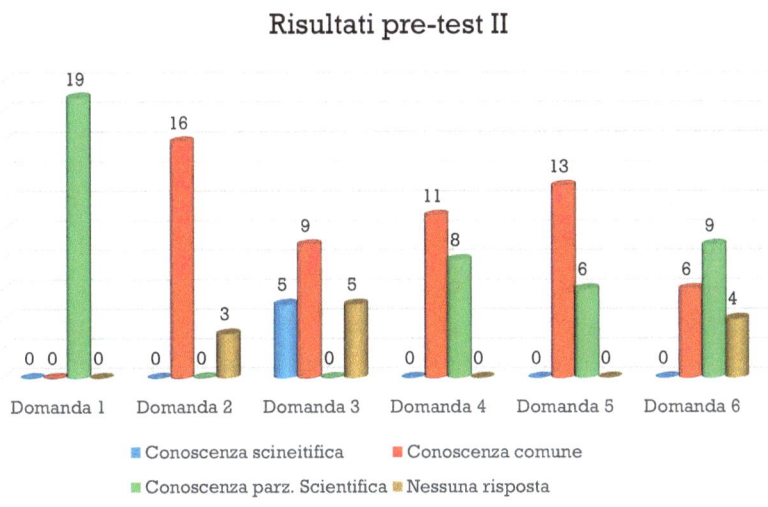

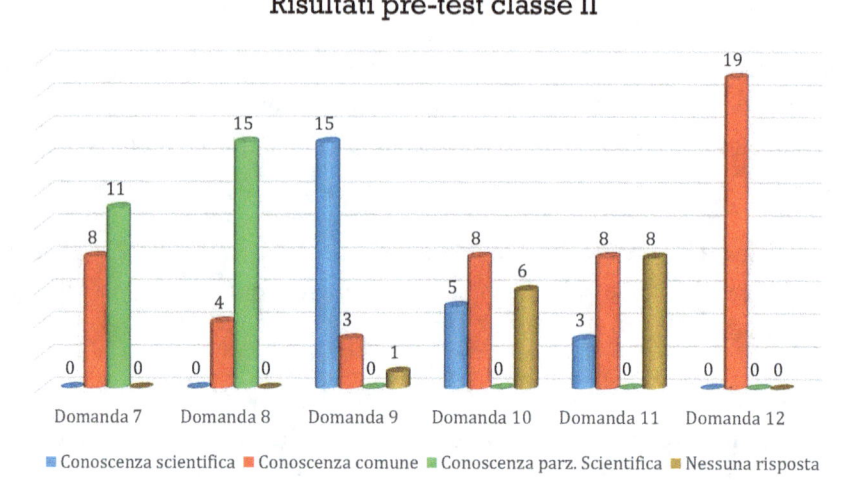

Il numero degli studenti che hanno svolto la prova è 20; non è stato possibile sottoporre il questionario all'alunno con disturbo dello spettro autistico, il quale però ha partecipato alle attività proposte nel corso dell'intervento didattico, supportato dall'insegnante di sostegno.

Dai grafici si evince immediatamente come la maggior parte delle risposte fornite dagli studenti si basino sulla loro conoscenza comune o parzialmente scientifica, sebbene siano anche presenti delle eccezioni. Questo consente di affermare che gli argomenti trattati non sono totalmente estranei ai bambini, poiché in tal caso sarebbero maggiori le non risposte, ma piuttosto indica come le conoscenze pregresse non siano sufficienti e adeguate allo studio scientifico che si sta intraprendendo. In molte risposte gli alunni dimostrano infatti di possedere una conoscenza generica del concetto di forza ma esso risulta legato unicamente alla sfera della vita quotidiana, in cui tale termine si associa all'idea di forza muscolare e fisica. Diversi sono gli errori di natura linguistica, come nel caso del termine "quiete" e dello stesso concetto di forza, utilizzato impropriamente in molti contesti. Risulta presente in modo inconscio il concetto di attrito ma non il significato specifico del termine e molto confuse le conoscenze in merito alla massa e al peso.

Nello specifico passiamo ad un'analisi delle singole domande e relative risposte.

La domanda 1 contiene in piccolo tranello, in quanto in realtà tutte le opzioni sono giuste; è molto difficile però che gli studenti siano a conoscenza del significato corretto del termine "corpo" nel linguaggio scientifico, ma tale quesito sarà essenzialmente necessario per dare l'avvio al percorso didattico. La maggior parte degli alunni indicano che un corpo è un essere umano, solo in tre segnano anche la casella indicante "animale".

La domanda 2 chiede ai bambini cosa significa "oggetto in stato di quiete". Nessuno studente ha fornito la risposta scientificamente esatta; al contrario la maggior parte di essi hanno tentato di rispondere al quesito facendo ricorso al significato nel linguaggio comune della parola quiete. Alcune tipiche risposte sono state dunque: "Che è calmo", "Che sta in silenzio". Due bambini associavo invece il termine quiete, ad un significato completamente errato anche nel linguaggio comune; entrambi, probabilmente influenzandosi a vicenda, hanno risposto che un oggetto in stato di quiete è un oggetto bello.

La domanda 3 è una domanda a risposta multipla in cui viene chiesto se il tempo e lo spazio siano le grandezze necessarie a descrivere il moto dei corpi. Nonostante gli alunni non abbiano ancora studiato questi concetti, cinque di essi individuano la risposta corretta; questo dimostra come, in qualche modo, in essi sia già presente l'idea di moto e dello spazio e del tempo come grandezze ad esso collegati.

La domanda 4 introduce una prima riflessione sulla forza. Nessuno ha fornito una risposta basata su di una conoscenza scientifica; la maggior parte degli alunni ha scritto infatti che è la caratteristica/capacità/cosa che ci permette di essere forti, oppure che serve a spostare oggetti. Nessun alunno ha invece scritto "non lo so", a differenza di quanto accaduto negli altri quesiti, dimostrando come essi siano particolarmente sicuri dei propri schemi mentali acquisiti nella vita quotidiana. Tali schemi però, risultano costruiti sulla base di episodi in cui il termine forza viene utilizzato impropriamente rispetto al significato scientifico. Esiste in loro la consapevolezza che sia necessario applicare una certa forza per spostare un oggetto, ma molti alunni sostengono invece che non sia necessaria per spostare oggetti leggeri. Vengono considerate conoscenze parzialmente scientifiche tutte quelle risposte che fanno riferimento all'idea di utilizzare la forza per far muovere un corpo, come nel caso di sollevare un oggetto o spingere un compagno. Sono invece esempi della conoscenza comune le risposte che non prevedono questo tipo di riflessione, come il caso di un bambino che scrive:

R.: *"La forza è quella cosa che abbiamo dentro"*

La domanda 5 è una domanda a crocette, in cui gli alunni possono indicare una o più risposte indicanti a cosa serve la forza. Tre fra le quattro opzioni a disposizione, tre sono quelle corrette, dunque vengono considerate parzialmente corrette quelle risposte che contengono almeno una fra le tre affermazioni. Un'affermazione è invece completamente errata ed è proprio essa a trarre in inganno la maggior parte degli alunni: *"La forza serve solo per sollevare oggetti pesanti"*. Essa è una delle convinzioni più radicate nell'immaginario comune della forza; uno degli obiettivi dell'intervento sarà proprio quello di superare tale supposizione.

La domanda numero 6 chiede agli alunni di mettere in atto un ulteriore riflessione sulla forza, elencando i tipi di forze che conoscono. Dato che i loro schemi mentali si basano soprattutto sulla forza intesa come forza fisica, muscolare, le risposte sono orientate proprio sul corpo umano. La maggior parte degli alunni parla di forza delle braccia, forza delle gambe, forza squat. È interessante però notare come, a differenza della domanda precedente a cui tutti gli alunni hanno risposto, in questo caso sono ben cinque gli studenti che non scrivono nulla o scrivono semplicemente *"Non lo so"*. Se dunque precedentemente sembrano essere tutti sicuri delle proprie idee sulla forza, nel momento in cui viene chiesto loro di procedere ad una descrizione più precisa, alcuni non riescono ad effettuarla, mostrando così alcuni dubbi.

Le loro tesi si evidenziano ancora di più analizzando le risposte al quesito numero 7, in cui viene chiesto di descrivere alcune situazioni in cui si applica una forza. Il numero di risposte considerate come "conoscenza parzialmente scientifica" sono proprio quelle in cui gli studenti dimostrano di possedere questa consapevolezza; alcuni scrivono *"Uso la forza serve per alzare le cose, come il banco"*, *"La forza serve a spostare le cose pesanti"*, *"Ci serve per alzare le cose pesanti"*. Tra le risposte che rientrano tra le conoscenze comuni invece quelle che si basano sull'idea di essere forte in uno sport o attività; è il caso di alcuni alunni che scrivono *"Possiamo essere forti in un sacco di cose, io sono diventato forte a calcio"*, *"Io sono forte alla play"*. Molto spesso i bambini ascoltano e conseguentemente ripetono questo tipo di affermazioni, dunque non stupisce tale idea di forza. Ancora un alunno scrive: *"La forza serve a costruire le cose"*. Tale affermazione è un'ulteriore dimostrazione dalla forza legata all'idea di "fare" qualcosa e, tendenzialmente, di farla bene.

La domanda 8 invita gli alunni a riflettere su ciò che può accadere ad un oggetto sul quale applichiamo una forza. Essi possono scegliere fra quattro alternative, di cui sono una è errata (L'oggetto diventa più pesante). Andavano dunque segnate tutte e le altre risposte; nessun alunno ha però fatto ciò, piuttosto molti hanno indicato come corretta solo una o due delle alternative, per tale motivo le risposte sono state considerate come parzialmente corrette. Quattordici alunni hanno indicato che l'oggetto si muove; è dunque evidente come questa conoscenza comune sia corretta e valida nella maggior parte degli studenti; solo tre hanno però contemporaneamente sbarrato le caselle che indicavano "L'oggetto cambia forma" e "L'oggetto si ferma". La riflessione derivante dalla conoscenza comune dunque è limitata ad un solo aspetto della forza, quello che permette di spostare e far muovere gli oggetti. Solo quattro alunni hanno segnato la risposta errata.

La domanda 9 propone una situazione di vita quotidiana che sicuramente i bambini hanno vissuto; proprio per tale motivo il numero di risposte corrette è elevato rispetto agli altri quesiti. Essa infatti chiede quale corpo, tra un Super Santos e una palla da basket, si fermerà prima qualora essi vengano lanciati con la stessa forza. Sedici studenti sono in grado di rispondere correttamente, tre invece sbagliano e solo uno non risponde.

Nella domanda 10 gli alunni devono collegare i sostantivi "massa/peso" a quelle che hanno ritenuto fossero le definizioni corrispondenti. In questo caso aumenta notevolmente il numero di bambini che non rispondono o scrivono *"Non lo so"*. Ciò evidenzia come, probabilmente, essi non hanno mai messo a confronto i due termini ma piuttosto essi vengono usati come sinonimo. Questo si evidenzia anche nel numero di risposte corrette ed errate, molto simile fra loro.

La domanda 11 introduce il concetto di attrito, sconosciuto alla maggior parte degli studenti, come si evidenzia dal numero di risposte non date, ben 8. Contiene l'affermazione "l'attrito è una forza che rallenta il movimento dei corpi" e gli alunni hanno indicato se essa è vera o falsa. Solo tre studenti hanno sostenuto che l'affermazione fosse vera, i restanti nove hanno sbarrato la casella falso. In realtà il concetto di attrito non è assente nei bambini, è molto più probabile che sia ad essi sconosciuto il termine specifico. Nella successiva domanda infatti, si pone un altro quesito sull'attrito: "Immagina di lanciare una pallina in una superficie in cui non c'è attrito: quando si fermerà?". In questo caso nessun alunno ha risposto di non sapere la risposta; hanno invece affermato, nella maggioranza dei casi, che la pallina si sarebbe fermata dopo un po' di tempo. Essi hanno più volte giocato con palle da calcio o pallavolo o semplici palline e sanno perfettamente che dopo un certo lasso di tempo l'oggetto si fermerà. Non essendo a conoscenza del significato specifico di "attrito", hanno dato la risposta che più si avvicina alle esperienze che vivono quotidianamente.

La somministrazione del pre-test ha permesso di delineare un quadro di partenza molto chiaro: laddove gli studenti possiedono conoscenze pregresse sugli argomenti trattati, esse non risultano essere chiare, come nel caso della massa e del peso. Inoltre, appare evidente che gli alunni possiedono già schemi mentali sulla forza, sebbene non esaustivi, e da essi si può e si deve partire per una corretta progettazione didattica.

4.5.3 Risultati classe 5°

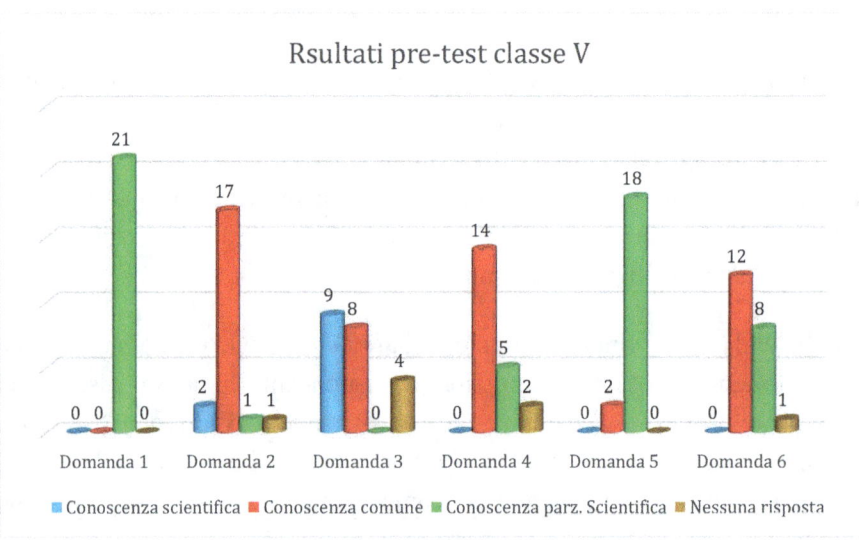

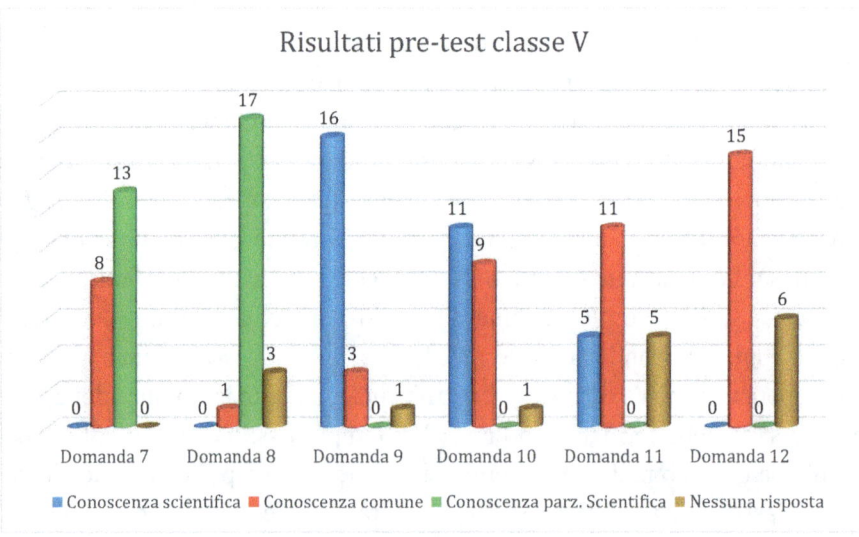

Il numero totale degli studenti che svolgono tale pre-test corrisponde a 21; uno studente infatti non è in grado di poter svolgere la prova né in forma scritta né in forma orale. Si tratta dell'alunno con sindrome dello spettro autistico; con esso svolgo un piccolo colloquio orale, sostenuta dall'insegnante di sostegno che lo segue, in cui gli chiedo unicamente di provare a descrivere alcune situazioni in cui applica una forza. Lo studente è in grado di imitare una scena in cui spinge un bambino e poi solleva il banco, ma dopo pochi minuti non è più in grado di continuare la conversazione.

Come si evince dai grafici sopraripostati le conoscenze pregresse degli studenti si sono rivelate inesatte o in alcuni casi incomplete. Negli studenti risultano in parte più evidenti alcune conoscenze comuni sugli argomenti trattati; il concetto di forza appare più marcato, sebbene sia legato unicamente all'idea di forza muscolare e forza interiore. Grazie allo studio già svolto negli anni precedenti, alcuni alunni mostrano di possedere reminiscenze sullo spazio, tempo e massa. Le nozioni derivanti dalla conoscenza comune sembrano inadeguate in relazione alla forza di attrito; in questo caso le esperienze della vita quotidiana hanno portato ad affermazioni errate dal punto di vista scientifico.

Nello specifico passiamo ad un'analisi dei singoli quesiti e relative risposte.

La domanda numero 1 è una domanda a trabocchetto in quanto tutte le possibili alternative da segnare erano corrette; si tratta certamente di una domanda complessa per gli studenti, ma la dicitura "nel linguaggio scientifico" poteva certamente indirizzare ad una riflessione maggiore. Quasi tutti gli alunni hanno indicato come risposta corretta "una persona", ma alcuni anche "un animale". Tutte le possibili alternative sono state considerate come risposte parzialmente corrette.

La domanda numero 2 ha ottenuto 17 risposte scientificamente errate e due risposte corrette. Essa chiedeva agli alunni il significato di "un corpo in stato di quiete". L'elevato numero di risposte errate dipende probabilmente da un errore di natura linguistica. Il termine "quiete" nel linguaggio comune indica una persona tranquilla, calma e rilassata; quasi tutte le risposte degli studenti contenevano tali aggettivi. Nel linguaggio scientifico però il termine "quiete" assume un significato ben preciso ed univoco: il corpo è fermo. Non sorprende dunque la difficoltà incontrata dagli studenti, i quali probabilmente non hanno mai utilizzato o sentito la parola "quiete" in un contesto scientifico.

La domanda 3 registra un numero più elevato di risposte corrette nel test. Si tratta di una domanda a risposta multipla in cui viene chiesto se il tempo e lo spazio siano le grandezze necessarie a descrivere il moto dei corpi. Gli alunni hanno già approfondito i concetti di tempo e spazio e le relative unità di misura; le risposte errate e le non risposte dipendono probabilmente da una mancata comprensione di cosa si intende per "moto di un corpo".

La domanda 4 rappresenta una delle domande cruciali del test: "Cos'è la forza?". Attraverso le risposte date emerge un quadro ben preciso di cosa rappresenti la forza per i bambini. Risposte di natura fisica legate allo stato di moto dei corpi sono assenti; piuttosto emerge l'idea che per applicare una forza è necessario il proprio corpo e gli alunni definiscono ciò come "forza fisica o dei muscoli". Essa è appunto legata alla presenza dei muscoli, dunque i bambini possiedono meno forza, gli adulti possiedono maggiore forza. Probabilmente il substrato dell'errore può essere ritrovato nel linguaggio comune, in cui un uomo molto muscoloso viene definito come "più forte". La forza viene generalmente divisa dalla quasi totalità degli studenti (15) in forza fisica e in forza mentale. Il termine viene infatti legato al coraggio, o come viene definito dagli studenti "forza mentale". Un alunno parla chiaramente di forze esteriori ed interiori, un altro scrive *"la forza è un talento fisico ma anche spirituale"*. Tale confusione deriva ancora una volta dalla differenza tra linguaggio comune e scientifico; spesso nella vita quotidiana ci sentiamo dire "Non piangere, non abbatterti, devi essere forte"; da qui i collegamenti effettuati dagli studenti.

La domanda 5 è una domanda a crocette in cui gli alunni devono individuare a cosa serva la forza. Tre fra le opzioni sono corrette e solo una è errata ("La forza serve solo a sollevare oggetti pesanti"). Nessun bambino ha sbarrato la casella indicante "La forza serve a modificare lo stato di quiete e di moto dei corpi", ma ciò è assolutamente comprensibile in quanto essi non sono a conoscenza del significato di tali termini. La maggior parte sostiene invece che la forza serve a lanciare oggetti, sollevare

La domanda 6 riflette il tipo di ragionamento messo in atto dagli alunni; veniva richiesto di realizzare un elenco dei tipi di forze conosciute. Le risposte contengono esempi di questo tipo: forza fisica, forza dentro, forza mentale, forza muscolare. Un alunno ha aggiunto come esempi di forze il box, karatè e calcetto, a dimostrazione di come la forza sia per lui espressione chiave di queste attività sportive; egli infatti intende in questo modo chiarire che è bravo nell'esecuzione di questi sport.

La domanda 7 permette agli alunni di descrivere episodi in cui essi stessi applicano una forza; l'intento è di comprendere ancora più a fondo il concetto di forza espresso nella domanda 4 con il supporto di alcuni esempi. Le risposte a questo quesito non sono facilmente suddivisibili in corrette ed errate; è necessario analizzarle criticamente. Il numero di risposte che riflettono una conoscenza parzialmente scientifica sono quelle nelle quali si evince la consapevolezza da parte del bambino di compiere un'azione che richiede il coinvolgimento di due corpi e lo stato di moto o di quiete di quest'ultimo. È il caso di uno studente che scrive *"Io applico una forza quando spingo il tavolo"*.

Molti alunni legano le esperienze di applicazione di una forza alle sole situazioni in cui sono coinvolti oggetti pesanti: *"Applico una forza quando devo alzare una cosa pesante"*, *"Quando sollevo la sedia, il banco"*, *"Quando devo alzare i pesi"*. Circa la metà degli studenti riprende il concetto di forza interiore, sostenendo di applicare una forza nei momenti di tristezza: *"Quando sono coraggioso"*, *"Applico una forza mentale soprattutto a scuola per matematica!!! Applico una forza interiore quando dentro sto male, ma ho la "forza" di rialzarmi sempre"*. In quest'ultima risposta, attraverso l'utilizzo delle virgolette, l'alunna evidenzia come in realtà sia consapevole che la forza interiore non sia una vera e propria forza. Emblematico il caso di un alunno che nella sua risposta dice: *"Quando mi disturbano quando mi vogliono alzare le mani"*. Proveniente da una situazione familiare complessa, il bambino dimostra come la forza sia per lui esprimibile nel concetto di attaccare.

La domanda 8 è una diretta conseguenza della precedente, in quanto chiede di riflettere e descrivere cosa accade ad un oggetto se applichiamo una forza su esso. Solo un alunno segna unicamente la risposta completamente errata; gli altri invece pensano che la forza possa causare anche altri effetti su un corpo e per tale motivo il numero di risposte parzialmente corrette è molto elevato. Nonostante ciò, è opportuno sottolineare che sono nove gli studenti che indicano che la forza sia un grado di aumentare il peso di un corpo.

La domanda 9 propone una situazione di vita quotidiana che sicuramente i bambini hanno vissuto; proprio per tale motivo il numero di risposte scientificamente corrette è elevato rispetto agli altri quesiti. Essa infatti chiede quale corpo, tra un Super Santos e una palla da basket, si fermerà prima qualora essi vengano lanciati con la stessa forza. Diciassette studenti sono in grado di rispondere correttamente, tre invece sbagliano.

Anche la domanda numero 10 registra un aumento di risposte positive, undici, e un totale di nove risposte errate. Si tratta di una domanda di collegamento, in cui gli alunni hanno collegato i sostantivi "massa" e "peso" ei due riquadri con le rispettive definizioni. In tal caso è probabile ritenere che le risposte corrette non siano oggettivamente il frutto di una conoscenza comune dei bambini, ma piuttosto frutto di uno studio già effettuato in classe. Durante l'anno precedente infatti, gli studenti hanno studiato la massa, dunque il concetto non risulta estraneo o nuovo per loro. Le risposte errate e non date sono invece dovute a una mancata reale comprensione dell'argomento studiato che si evidenzia nella confusione tra i due concetti.

La domanda 11 contiene l'affermazione "l'attrito è una forza che rallenta il movimento dei corpi" e gli alunni hanno indicato se essa è vera o falsa. Solo cinque bambini hanno sbarrato la casella vero, al contrario gli altri compagni basandosi sulla propria conoscenza comune, non legano il concetto di forza all'idea di fermare il moto di un corpo; dichiarando che l'attrito è una forza, esso non viene di conseguenza visto come qualcosa che può fermare un oggetto. Successivamente, durante la spiegazione dalla forza di attrito, nessun alunno è in grado di spiegare cosa sia l'attrito e la maggior parte di essi non hanno mai sentito tale termine.

L'ultima domanda riguarda ancora il concetto di attrito: "Immagina di lanciare una pallina in una superficie in cui non c'è attrito: quando si fermerà?". Si tratta di un quesito complesso se si considera che molti studenti non hanno appunto chiaro il significato della forza di attrito. Inoltre, in questo caso la conoscenza comune ci allontana dalla corretta risposta scientifica, inducendoci a credere che qualsiasi corpo, anche dopo un certo lasso di tempo, si fermerà. Le risposte dei bambini rispecchiano tale convinzione tratta dagli innumerevoli esempi della vita quotidiana; la maggior parte ha sbarrato la casella "si ferma dopo un po'" e solo alcuni quella indicante "Si ferma dopo 30 minuti".

La somministrazione del pre-test ha permesso di effettuare un'analisi approfondita sul livello di conoscenze possedute dagli alunni, evidenziando il concetto insito in loro di forza. I punti di relativa forza sono da riscontrare nei concetti di spazio, tempo, massa e peso. Nonostante ciò però risulta evidente come la conoscenza comune non sia sufficiente ed esaustiva per lo studio di tali fenomeni fisici.

4.6 La sperimentazione in classe

4.6.1 Classe 2°

7 ottobre 2019

La sperimentazione nella classe 2° prende avvio il 7 ottobre 2019. Mi presento in aula, spiegando agli studenti di essere una studentessa universitaria venuta nella loro classe per realizzare un bellissimo progetto di scienze.

Dopo la breve presentazione si procede all'intervista con i singoli alunni, in una piccola stanza limitrofa alla classe, in cui è possibile registrare le risposte degli alunni. Le interviste si svolgono con serenità, gli studenti sono a loro agio e rispondono a tutte le domande. Esse durano 7/10 minuti a bambino, per un totale di circa 2 ore.

Al termine rientro in classe, dove svolgo la seconda attività prevista: la somministrazione del pre-test. Gli studenti hanno a disposizione circa 30 minuti per rispondere alle domande del questionario: prima di procedere mi premuro di leggere attentamente ogni consegna e spiegarne il contenuto. Solo un alunno non svolge la prova per iscritto, ma in forma orale; si tratta di un alunno con un lieve deficit cognitivo. Le domande proposte sono comunque le stesse presenti nel questionario; provo però ad aiutarlo fornendo esempi di vita quotidiana.

Durante lo svolgimento della verifica, gli alunni pongono alcune domande, soprattutto in merito all'attrito e alla descrizione della forza. Rispondo a tali domande promuovendo delle riflessioni, invitandoli ad esempio a pensare a tutte le volte che hanno sentito dire espressioni come "Che forte", "Ci vuole molta forza". Inoltre, sottolineo come essi possano scrivere "Non lo so" in quelle domande in cui non conoscono la risposta.

9 ottobre 2019

La prima attività svolta durante il secondo incontro è una discussione guidata a partire dalle domande del pre-test. In fase di progettazione avevo ipotizzato di disporre gli alunni in assetto circle time ma, a causa di problemi logistici, ciò non è avvenuto e gli alunni sono rimasti seduti al proprio posto. In particolare ho chiesto loro quali fossero le domande più difficili e quelle più facili, se avevano mai sentito parlare di questi argomenti. Essi rispondono di non aver mai studiato né sentito parlare della maggior parte degli argomenti; in particolare hanno solo sentito parlare di forza nelle conversazioni della vita quotidiana. Proprio per tale motivo, la maggior parte hanno sostenuto che le domande più complesse fossero quelle sull'attrito, sulla massa e il peso e quelle più semplici fossero quelle sulla forza e sullo stato di quiete.

Ricollegandomi a quest'ultima affermazione, pongo agli studenti alcune domande sui corpi, sullo stato di moto e sullo stato di quiete. Tutti hanno infatti sbagliato la domanda in cui veniva chiesta la definizione di "corpo". Per prima cosa dunque spiego loro che in fisica quando si usa il termine "corpo" ci si riferisce non necessariamente al corpo umano ma anche ad un qualsiasi oggetto, del quale si possono descrivere certe caratteristiche come il peso o il volume e del quale siamo in grado di determinare la posizione o la velocità.

Insegnante: "Secondo voi cosa significa "corpo" nel linguaggio quotidiano?"

S.: "*Il nostro corpo dove ci sono gli ossicini*"

Insegnante: "Perfetto, ma adesso ditemi cosa significa corpo nel linguaggio scientifico"

F.: "*Nel compito c'era scritto che poteva essere un oggetto, un animale o una persona*"

Insegnante: "In realtà era una domanda a trabocchetto. "Corpo" in fisica significa qualsiasi oggetto che ad esempio ha un peso, un volume, che occupa un certo spazio diciamo, che sta fermo o in movimento. Ad esempio questa colla è un corpo."

A.: "*E' un corpo solido*"

Insegnante: "Si perfetto. E l'acqua ad esempio?"

A.: "*E' un corpo liquido!*"

Insegnante: "Perfetto! Avete mai visto la pentola dove la mamma cuoce la pasta?"

F.: "*Si! Esce il fumo da lì*"

Insegnante: "Ecco, quello è un corpo…"

A.: "*E' un gas*"

Insegnante: "Quindi si dice che è un corpo gassoso"

Seguono altri esempi sui corpi solidi, liquidi e gassosi.

Insegnante: "Adesso vorrei farvi un'altra domanda. *Prendo una colla e la poggio sulla cattedra* Vi dico che questa colla è in stato di quiete? Secondo voi cosa vuol dire?"

A.: *"Che è duro"*

F.: *"Che è solido"*

G.: "Significa che è fermo"

Insegnante: "Vi do un indizio. La colla e la maestra L. sono in stato di quiete. Io invece (mentre cammino) non sono in stato di quiete"

G.: *"Sono fermi tutti e due!"*

Insegnante: "Esatto. Allora una delle nostre ipotesi era corretta. Secondo voi quando io cammino sono in stato di…?"

G.: *"Di movimento"*

Seguono altri esempi sullo stato di quiete e di movimento.

Insegnante: "Bene bambini, adesso vi faccio vedere una cosa. La colla in questo momento è in stato di quiete, ma se io la faccio rotolare.."

A.: *"Passa allo stato di moto"*

Più volte provoco il moto della colla, facendo attenziona a determinare un moto più veloce rispetto all'altro.

Insegnante: "Avete visto cosa è cambiato tra i moti?"

M.: *"Uno si è fermato prima e uno dopo"*

A.: *"Il secondo ha fatto più metri"*

Insegnante: "Se diciamo che ha fatto più metri significa che ha percorso più spazio?"

C: "*Si, quindi andava più veloce*"

Insegnante: "Ottimo, quindi per descrivere bene un moto dobbiamo dire quanto spazio ha percorso. Non serve dire nient'altro?"

G.: "*Quanto tempo ci mette*"

Giunti a questa affermazione, decido di far svolgere un'attività che possa dare conferma di quanto sostenuto. Suddivido gli alunni in 4 gruppi e ad ognuno dò il medesimo materiale: una pallina, scotch, righello e un righello. Spiego come dovrà essere svolto l'esperimento: ogni gruppo deve costruire per terra un rettangolo, lungo 45 cm e largo 20 cm. Gli studenti devono far muovere la pallina all'interno di questo rettangolo e con il cronometro misurare quanto tempo ci sta! Occorre farlo tre volte: una volta spingendo la pallina molto lentamente, poi un po' più veloce e alla fine velocissima. Ogni volta gli alunni segnano in una tabella il tempo impiegato nei tre moti.

Durante l'esperimento passo per i vari gruppi per aiutarli nella realizzazione del rettangolo ed osservare lo svolgimento del piccolo esperimento. Ogni bambino ha il proprio compito: un bambino lancia la pallina, un bambino la blocca al termine, un bambino segna il tempo con il cronometro e un bambino segna il tempo nella tabella. Tutti i gruppi lavorano in modo regolare, tranne alcuni bambini che litigano per chi deve lanciare la pallina.

Dopo che tutti i gruppi hanno terminato, arriva il momento della condivisione dei i risultati ottenuti, che trascrivo nelle due lavagne a disposizione.

Insegnante: "Possiamo osservare come il tempo è cambiato sempre, invece cosa è rimasto sempre lo stesso?"

G.: "*Lo spazio*"

Insegnante: "Invece perché il tempo perché è cambiato?"

F.: *"Perché la pallina andava più veloce"*

Insegnante: "E perché andava più veloce?"

A.: *"Perché la facevamo muovere più veloce"*

Insegnante: "E che cosa avete fatto per farla muovere più velocemente?"

A.: *"Abbiamo usato più forza"*

Insegnante: "Perfetto! Quando la pallina andava più piano quanta forza avete messo?"

Tutti gli alunni in coro: *pochissima*!

Insegnante: "E quando la pallina andava più velocemente quanta forza avete messo?"

Tutti: *"Tantissima*!

Insegnante: "Nel primo moto, quello in cui la pallina è andata più piano, avete messo un pochino pochino di forza per dare la spinta vero?"

G.: *"Certo, altrimenti non si muoveva"*

Insegnante: "Quindi ci vuole un po' di forza per far muovere tutti gli oggetti, anche se leggeri?"

Gli alunni annuiscono, dimostrando di aver compreso.

Per completare ho realizzato un'ultima attività da realizzare in palestra. Si tratta sempre di analizzare il moto attraverso il tempo e lo spazio, ma in questo caso saranno gli stessi alunni a correre. Giunti in palestra, i bambini si dispongono all'interno del cerchio presente al centro della stanza. Chiedo ad un'alunna di aiutarmi a misurare lo spazio che tutti i bambini devono percorrere, attraverso l'utilizzo di un metro. La distanza è di 4 m. Tutti i bambini corrono e cronometro, trascrivendo il risultato ottenuto. Tornando in classe, osserviamo attentamente i dati verificando chi è stato il più veloce e verbalizzando l'esperienza. Anche in questo caso, gli alunni si accorgono che lo spazio è rimasto invariato, al contrario il tempo ha subito variazioni in base alla velocità dei singoli bambini.

14 ottobre 2019

Il terzo incontro prende avvio con un breve riepilogo sul moto, sullo spazio e il tempo, sullo stato di quiete e di movimento. Successivamente, dispongono gli alunni in assetto circle time, proponendo un breve brainstorming sulla forza. Essi riprendono molte delle definizioni scritte nel pre-test, come "La forza sono i muscoli" o "La forza serve per spostare le cose pesanti". Dopo aver ascoltato le loro affermazioni, provo a porre alcune domande stimolo, affinché essi riescano a collegare la forza con i concetti di moto e quiete. Chiedo loro in quali situazioni hanno applicato moltissima forza e in quali invece ne hanno applicata poco, chi è la persona più forte che conoscono, cosa riescono a spostare grazie alla loro forza.

A.: "*La forza è quella cosa che ci serve per sollevare le cose*"

F.: "*Mio padre è il più forte che conoscono perché ha un sacco di muscoli*"

S.: "*Quando devo tirare il pallone per fare goal ci metto tantissima forza*"

G.: "*La forza serve per tirare le cose lontano*"

G.: "*Io quando devo correre molto ci deve mettere un sacco di forza*"

Insegnante: "Ragionate attentamente bimbi. Quando un oggetto deve passare dallo stato di quiete a quello di movimento, cosa deve succedere?"

G.: "*Lo dobbiamo prendere e lanciare*"

Insegnante: "E per prenderlo noi cosa dobbiamo fare?"

F.: "*Ci dobbiamo avvicinare*"

Insegnante: "E per lanciarla (la pallina) cosa avete fatto?"

G.: "*Abbiamo usato la forza*"

Insegnante: "Esatto. A volte abbiamo usato tanta forza e a volte abbiamo usato poca forza. Come fate voi a spostare la penna se non usate un po' di forza?"

G.: "*Non si può, un pochino di forza per sollevarla ci vuole*"

Insegnante: "Esatto. Quindi vediamo come possiamo descrivere questa forza. G. aiutami tu: la forza è quella cosa che…"

G.: "*Che serve per sollevare le cose*"

G.: "*Per tirare la palla da basket*"

Insegnante: "Più in generale, senza dire ogni volta "alzare, tirare, lanciare""

F: "*Serve per muoversi*"

A.: "*Serve per muovere le cose*"

Insegnante: "Quindi la forza serve a passare da fermi al movimento?"

Un generale sì

Insegnante: "Invece di dire fermi e movimento come possiamo dire? Usiamo le parole degli scienziati"

A.: "*Stato di quiete e stato di moto*"

Scrivo la definizione alla lavagna e invito i bambini a ricopiarla nel quaderno. Dopo chiedo loro quali tipi di forze conoscano, scrivendole in un elenco alla lavagna.

G: "*La forza delle braccia*"

Insegnante: "Se vi dico la Terra o gli astronauti vi viene in mente qualche tipo di forza?"

F.: "*La forza della Terra*"

G: "*La forza di resistenza*"

Insegnante: "Resistenza contro qualcuno o qualcosa?"

G: "*Tutti e due*"

Insegnante: "Provate ad immaginare un giorno in cui c'è molto vento? Cosa fate voi?

A: "*Dobbiamo resistere al vento*"

Insegnante: "Perché il vento cerca di spostarvi. Quindi il vento fa forza?"

F: "*Sì, la forza del vento*"

Gli alunni non individuano altri tipi di forze.

Successivamente chiedo loro di applicare una forza su tutti gli oggetti che hanno di fronte: portacolori, sedia, banco, anche di spingere il muro.

A.: *"Ci vuole più forza per sollevare il banco"*

C.: *"Ci vuole troppa forza per spostare il muro, nemmeno tutti i bambini della scuola ce la facciamo"*

A.: *"Io ci metto forza con tutto il corpo"*

Dopo aver ascoltato le diverse verbalizzazioni degli studenti, invito una coppia di alunni a porsi al centro dell'aula (i banchi sono disposti a ferro di cavallo dunque rimane uno spazio visibile e ampio al centro) e spiego loro come spingersi a vicenda in tre diverse posizioni: l'uno di fronte all'altro, per terra con i piedi uniti e infine spingendo il compagno da dietro, poggiando le mani sulle spalle. Ogni coppia ripete l'operazione, facendo attenzione a quanta forza esercita per cercare di far muovere il compagno e di conseguenza, per resistere alla forza impressa.

 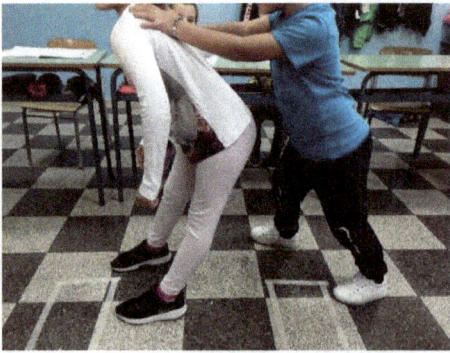

Gli alunni si divertono e cercano di "metterci più forza possibile" per battere il proprio compagno. Quando tutti hanno terminato, pongo alcune domande per far riflettere gli studenti, in particolare sulla direzione della forza.

Insegnante: "Quando eravate l'uno di fronte all'altro, in che direzione va la forza?"

A.: *"Va verso il compagno che spingiamo"*

F.: *"Perché cerchiamo di muoverlo"*

Insegnante: "Quando spingiamo con i piedi uniti è la stessa cosa? In che direzione va la forza?"

M.: *"E' la stessa cosa, sempre cerchiamo di muovere il compagno"*

Alcuni problemi sorgono nel momento in cui chiedo loro in che direzione va la forza nell'ultimo caso in cui hanno provato a spingersi. Per far comprendere bene l'esperienza è quindi opportuno ripetere nuovamente l'esperienza.

Insegnante: "Invece quando veniamo spinti da dietro facciamo forza secondo voi?"

G.: *"Sii"*

Insegnante: "Anche se siamo fermi?"

F.: *"Si facciamo forza con i piedi"*

A.: *"No con tutto il corpo ho fatto forza"*

Insegnante: "E questa forza va verso il compagno dietro e verso avanti?"

G.: *"Va verso avanti"*

S.: *"No va verso il basso, verso il pavimento"*

M.: *"No verso dietro, io l'ho sentita"*

Insegnante: "G. e M. provate di nuovo voi due. M. spinge G. da dietro. Mi raccomando G. tu cerca di fare forza in avanti, come hai detto"

G.: *"Sono caduto subito"*

Insegnante: "Adesso rifatelo e prova a rimanere fermo il più a lungo possibile"

G.: *"Ah ho capito. La forza va verso dietro"*

Insegnante: "Pensateci bene. Cosa succederebbe se quando il compagno vi spinge da dietro e voi fate forza in avanti?

G.: *"Che andiamo subito in avanti"*

Insegnante: "Esatto. Quindi la sua forza va indietro però siccome il compagno che spinge applica più forza allora poi ci muoviamo in avanti"

Invito gli alunni a rappresentare graficamente i tre casi e a provare ad indicare la direzione delle forze con una freccetta: proviamo anche a dare un nome alle forze che abbiamo disegnato, scrivendo ad esempio "forza maestra" o il nome del compagno. Una volta completati i disegni, faccio notare loro che le due frecce delle forze vanno in direzioni esattamente opposte. Tale riflessione è necessaria per porre un ultimo interrogativo agli studenti.

Insegnante: "Quindi quando le due freccette sono uguali ci muoviamo subito, invece quando le due freccette sono opposte che succede? Ci muoviamo subito nella stessa direzione?"

M: *"No ci muoviamo dopo un po', quando uno dei due spinge più forte dell'altro"*

In fase di progettazione avevo ipotizzato di svolgere un'ultima attività in palestra: il gioco del tiro alla fune. La conversazione guidata e le attività precedenti però hanno richiesto più tempo di quanto avessi ipotizzato, dunque non è stato possibile realizzarlo ma ho preferito procedere con la rappresentazione grafica di quanto svolto durante la lezione.

17 ottobre 2019

L'obiettivo del quarto incontro è quello di mostrare agli alunni il moto di un corpo in quasi totale assenza di attrito. Tale esperienza si basa sul primo principio della dinamica, il quale stabilisce che un corpo non soggetto a forze o soggetto a forze la cui risultante è nulla, permane nel suo stato di quiete o continua a muoversi di moto rettilineo uniforme. L'idea che un corpo rimanga nel suo stato di quiete, dunque fermo, è perfettamente presente negli studenti, ma ciò non vale per la seconda parte dell'affermazione, in quanto essa contrasta apertamente con le esperienze della vita quotidiana.

Inizialmente vengono ripresi gli argomenti trattati durante la lezione precedente e successivamente pongo alcune domande stimolo che siano da avvio per una discussione guidata sull'attrito, le superfici lisce e ruvide.

Insegnante: "Secondo voi, se tiriamo una pallina per terra dopo quanto tempo si ferma?"

A.: *"Dopo un po'"*

Insegnante: "M quando tocca il muro o prima?"

A: *"Quando tocca il muro"*

I bambini provano effettivamente a lanciare la pallina e osservano che si ferma solo quando tocca il muro.

Insegnante: "Se invece tiriamo la pallina nel giardino dopo quanto tempo si ferma?"

F.: *"Dopo un sacco di tempo"*

Insegnante: "Ma si ferma quando tocca il muro o prima in questo caso?

A.: *"No prima stavolta"*

Insegnante: "E perché stavolta si ferma prima?"

G.: *"Perché ci sono le pietroline"*

Insegnante: "Quindi sono le pietrine che fermano la pallina?"

Un generale sì

Insegnante: "E se invece tiriamo la pallina nella terra dopo quanto tempo si ferma?"

G.: *"Dopo pochissimo, perché la terra ferma subito la pallina"*

Insegnante: "e se invece tiriamo la pallina nel ghiaccio? Qualcuno di voi ha mai pattinato?"

A.: "*Scivola un sacco*"

F.: "*Perché il ghiaccio è scivoloso*"

Insegnante: secondo voi è più scivoloso il ghiaccio o il banco?

In coro i bambini rispondono: "il ghiaccio"

Insegnante: ed è più scivoloso il banco o un pezzo di legno?

Anche in questo caso i bambini rispondono "*il banco*".

Insegnante: "Quindi abbiamo detto che più le superfici sono lisce, più gli oggetti si fermano dopo molto tempo vero? Ma qual è il contrario di scivoloso?

F.: "*La terra o il legno*"

Insegnante: "Ma la parolina opposta a scivoloso o liscio qual è?"

Nessuno è in grado di rispondere

Insegnante: "Il contrario di liscio è ruvido."

Insegnante: "Secondo voi, nella superficie più liscia di tutte, ancora più scivolosa del ghiaccio, dopo quanto si ferma la pallina?"

M.: "*Dopo un sacco di tempo*"

G.: "*Quando qualcosa la ferma*"

Insegnante: "Facciamo finta che non ci sono muri, sedie, banchi, non c'è nulla che lo può fermare. Dopo quanto si ferma?"

Gli alunni provano ad avanzare alcuni ipotesi, sostenendo per la maggior parte che la pallina si sarebbe fermata dopo molto tempo.

Insegnante: "Dovete sapere che sulla superficie più liscia che ci sia, la pallina non si fermerebbe mai. In una superficie così si dice che non c'è attrito, cioè non c'è nulla che ferma il movimento della pallina".

A.: "*Ma è impossibile*"

L'insegnante predispone tutto il materiale per la realizzazione dell'esperimento che i bambini devono realizzare in coppia con il proprio compagno di banco: un cd, un palloncino e un tappo di una bottiglietta d'acqua con il tappuccio che si può alzare ed abbassare. Ogni coppia prova a far muovere il cd sulla cattedra, osservando come esso si fermi dopo pochissimo. Successivamente spiego loro come procedere con l'esperimento: un bambino deve gonfiare il palloncino e posizionarlo sopra il tappo, a sua volta incollato al centro del cd, in corrispondenza del buco. A questo punto basterà applicare una piccola spinta al cd ed esso inizia il suo moto a velocità costante, fin quando tutto il palloncino non sarà sgonfio.

Insegnante: "Quindi perché il cd si muove così velocemente adesso?"

G.: "*L'aria va sotto il cd e lui vola*"

G.: "*Sembra una mongolfiera*"

A.: "*E' come se potesse volare*"

F.: "*E' come il gioco che c'è al bowling, che il disco non si ferma mai*"

Insegnante: "Ma perché prima il cd si fermava subito e ora no?"

A.: "*Perché c'è l'aria che lo spinge*"

G.: *Perché l'aria è più liscia del banco*"

Insegnante: "Esatto, con questo esperimento abbiamo eliminato la parte ruvida del banco diciamo, che abbiamo chiamato attrito"

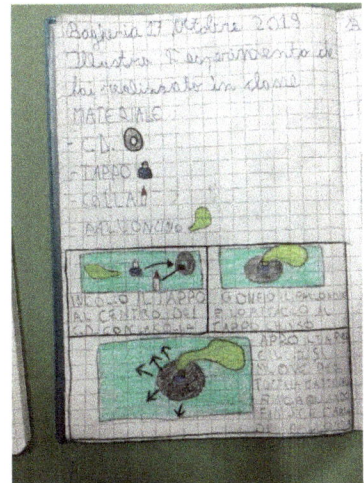 

Al termine della verbalizzazione condivisa, invito gli alunni a descrivere graficamente l'esperienza appena vissuta. Tale azione li aiuta ad elaborare ed imprimere al meglio l'esperimento, organizzando i dati e favorendo la spiegazione di quanto osservato.

21 ottobre 2019

Successivamente ci spostiamo in palestra dove svolgere la prima attività: gli alunni si dispongono lungo la linea bianca del campo e lanciano tre palle (un super santos, un pallone da pallavolo, un pallone da basket) cercando di tirarle sempre con la stessa forza. Con l'aiuto di un metro, misuro le distanze raggiunte dai palloni lanciati e li trascrivo in una tabella. Tornati in classe, analizziamo questi dati.

Insegnante: "D. dimmi i dati dei tre palloni che hai lanciato tu"

D.: *"8 metri e 33 con il super santos. 6 metri e 24 con il pallone da pallavolo. 5 metri e 21 con il pallone da basket"*

Insegnante: "C'è un po' di differenza. Come mai secondo voi?

D.: *"Perché è più difficile lanciare quello da basket, infatti non lo usiamo mai"*

Insegnante: "E perché è così difficile?"

G.: *"Perché è pesantissimo"*

Insegnante: "Quindi se la palla è molto pesante, si ferma prima o dopo rispetto al Super Santos?"

A.: *"Si ferma prima"*

G.: *"Oppure ci dobbiamo mettere più forza"*

Insegnante: "Ma se usiamo sempre la stessa forza con due palloni, come in palestra.."

G.: *"Allora sì quello pesante si ferma prima"*

Da questi imput avvio una discussione guidata sul peso, chiedendo agli alunni se conoscono il significato di questa parola.

F.: *"Il peso è quando ci pesiamo sulla bilancia"*

G.: *"Ad esempio io peso 25"*

A.: *"Io peso 27"*

Insegnante: "Ma 25 e 27 cosa?"

A.: *"Chili"*

Insegnante: "Bravissimo, te lo ha detto la mamma che pesi 25 chili?"

Antonino: *"Si"*

Insegnante: "I chili sono l'unità di misura del peso. Se non diciamo "chili" sembra che diciamo solo numeri a caso e non si capisce bene se parliamo del peso oppure di quanto siamo alti vero?"

Continuiamo per un po' a fare esempi sulle volte in cui utilizziamo l'unità di misura del peso ed elencando oggetti più o meno pesanti. Per far comprendere agli alunni la differenza tra massa e peso, provo a ricordare loro le scene di film e cartoni in cui sono presenti astronauti. In tal caso sarebbe stato opportuno la visione di un video ma la classe è sprovvista di Lim.

Insegnante: *"Voi avete mai visto un video degli astronauti sulla luna?"*

Quasi tutti i bambini dicono di sì

Insegnante: "Avete mai sentito dire che sulla Luna l'uomo pesa di meno?"

Alcuni bambini confermano, altri invece no.

F.: *"Io sì, a volte sono così leggeri che volano"*

Insegnante: "Quindi sulla Luna il peso cambia?"

G.: *"Sii"*

Insegnante: "Invece qualcuno di voi ha mai sentito parlare di massa?"

Tutti gli alunni rispondono di no

Insegnante: "La massa di un corpo è la quantità di materia che lo forma. Quindi da quanto materiale è fatto il portacolori, il diario etc. Secondo voi la massa del portacolori cambia se noi ci spostiamo sulla Luna?"

A.: *"Noo, rimane sempre la stessa"*

G.: *"No, come fa a cambiare?"*

Insegnante: "Esatto, quindi il peso cambia invece la massa no"

Al termine della discussione guidata, spiego l'esperimento che ci apprestiamo a svolgere.

Esso serve proprio a favorire una riflessione pratica sul concetto di massa e peso, attraverso il confronto tra oggetti con masse molto differenti tra loro.

Dispongo una serie di oggetti sulla cattedra: bottiglia d'acqua, un paio di occhiali, una mela, delle zollette di zucchero, un portacolori, un telecomando, un foglio e un contenitore di plastica vuoto. Chiedo agli alunni quale sia secondo loro l'oggetto che pesa di più e quasi tutti rispondono la bottiglia d'acqua.

Subito dopo suddivido i bambini in quattro gruppi e chiedo loro di realizzare una lista degli oggetti presenti dal più pesante al meno pesante. Gli alunni si confrontano tra loro, formulando diverse ipotesi. Alcuni gruppi non sono d'accordo fra loro ed incontrano alcune difficoltà nello stilare una lista che metta d'accorda tutti. In questa fase, per aiutarsi, i bambini provano a tenere in mano due oggetti, decidendo così quale appare più pesante.

Al termine è il momento di verificare le loro ipotesi, attraverso l'utilizzo di due bilance.

La prima consente una verifica immediata e istintiva, attraverso l'uso di una piccola bilancia a braccio, costruita con due piatti di plastica, una cruccia per abiti e dello spago.

È molto utile per confrontare direttamente le masse dei due oggetti posti sui due bracci della bilancia: se le masse sono uguali, la bilancia è in equilibrio e l'asta di sostegno è orizzontale. In questo modo il confronto tra le masse è diretto ed è possibile ordinare gli oggetti in base alle loro masse.

Le affermazioni degli studenti permettono di riflettere sulla massa e il peso, ribadendo la differenza. Sono poi loro stessi a comprendere che la bilancia a braccia consente di effettuare solo una comparazione tra gli oggetti ma non di rilevare con esattezza il peso.

G.: "*Allora è più pesante la bottiglia del portacolori! Io lo sapevo*"

Insegnante: "Ma di preciso qual è il peso del portacolori?"

F.: "*Non spunta in questa bilancia, bisogna usare quella con lo schermo*"

Insegnante: "Esatto, dobbiamo utilizzare una bilancia digitale che indica il peso preciso dei vari oggetti"

Così facendo utilizziamo una piccola bilancia da cucina per pesare i vari oggetti e così facendo verificare le ipotesi degli alunni.

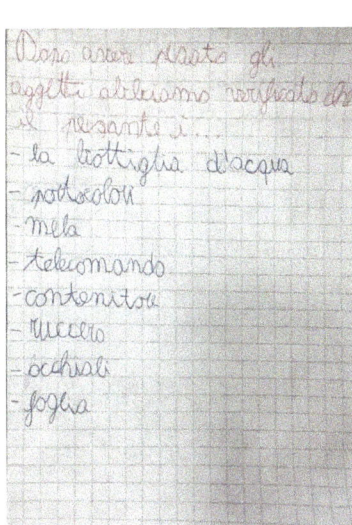

28 ottobre

L'incontro prende avvio con il consueto riepilogo da parte dei bambini degli argomenti spiegati la volta precedente, in particolare tre alunni raccontano gli esperimenti eseguenti e la differenza tra massa e peso.

In fase di progettazione avevo ipotizzato di realizzare precedentemente una discussione guidata e degli esempi che aiutassero i bambini a comprendere gli effetti della forza sul corpo. In fase di attuazione ho deciso però di posticipare questa fase alla fine della giornata e realizzare prima un piccolo esperimento: la costruzione di una fionda. Essa serve per aiutare gli alunni a comprendere il terzo principio della dinamica, il quale può essere riassunto nella frase "ad ogni azione corrisponde una reazione uguale e contraria". Gli alunni avranno così l'occasione di comprendere che ogni volta che essi applicano una forza su un corpo, quest'ultimo applica a sua volta una forza su di essi, appunto uguale e contraria.

Gli studenti non hanno mai giocato con una fionda, solo alcuni ricordano di averla vista in televisione e una bambina racconta di averne costruita una quando frequentava la scuola in Cile. Divido i bambini in coppie e do loro il materiale: due o tre legnetti, nastro biadesivo ed alcuni elastici. Mostro loro tutti i diversi passaggi per la realizzazione della fionda: dunque come legare insieme i pezzi di legno con il nastro biadesivo e poi aggiungere l'elastico per tirare piccole palline di carta.

Tutti gli alunni riescono a costruire la fionda: passo più volte ad esaminare il loro lavoro in quanto la maggior parte di essi incontrano difficoltà pratiche. Tutti però lavorano bene ed in armonia con il proprio compagni di coppia. Al termine, i bambini si divertono a giocare con la fionda, lanciando piccole palline di carta. La fase di verbalizzazione dell'esperienza permette di spiegare la deformazione dell'elastico, la presenza delle due forze e la loro direzione.

R.: *"Abbiamo cambiato la forma dell'elastico"*

A.: *"Stiamo mettendo la forza nell'elastico"*

Insegnante: "Quindi stiamo applicando una forza sull'elastico e lui si allunga giusto?"

M. C.: *"L'elastico si è tirato indietro"*

Insegnante: "Quindi noi stiamo facendo forza in che direzione?"

Alcuni bambini rispondono "in avanti", la maggior parte rispondono "verso di noi"

Insegnante: "A: perché secondo te applichiamo una forza in avanti?"

A.: *"Perché appena lo lascio l'elastico va in avanti"*

A.: *"Si ma per ora l'elastico si allunga indietro"*

Insegnante: "Il movimento che fa l'elastico quando lo lasciamo viene dopo. Prima guarda verso dove si allunga. Proviamo tutti insieme ad allungare l'elastico. Cosa sentite sul dito?"

G.: "*Io sento che l'elastico è forte*"

C.: "*Io non sento niente*"

A.: "*Anche io sento che è forte, è duro*"

A.: "*Cerca di ritornare come prima*"

G: "*Ma noi con la forza lo fermiamo*"

Insegnante: "Quindi noi facciamo forza su di lui per allungarlo, ma siccome lui vuole tornare ad essere come prima, cosa deve fare?"

G.: "*Lui deve fare forza*"

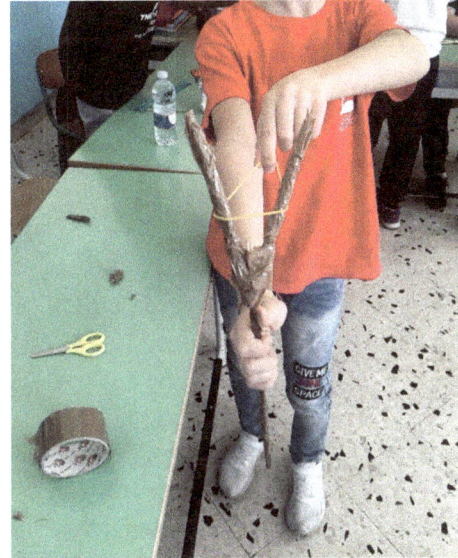

Insegnante: "Perfetto. Quindi noi facciamo forza su di lui, e lui.."

G: "*Fa forza su di noi*"

A.: "*Ma noi siamo più forti e lo allunghiamo*"

M. C.: "*Certo, noi abbiamo più forza di un elastico*"

Insegnante: "Ma voi lo sentite che fa forza sul nostro dito?"

Tutti i bambini dicono di sì

Insegnante: "E la sua forza in che direzione va?"

A.: "*Va verso dietro*"

G.: "*Va in avanti, perché prova a tornare come era prima*"

Insegnante: "Come possiamo chiamare la forza che facciamo noi sull'elastico?"

A.: "*La nostra forza*"

Insegnante: "Più precisamente, con cosa abbiamo detto che applichiamo la forza?"

Quasi tutti i bambini: *"Con il dito"*

Insegnante: "Quindi la chiamiamo forza dito ok? Invece la forza che l'elastico fa su di noi la chiamiamo forza.."

A.: *"Elastico"*

Disegno alla lavagna la fionda con le due forze sotto forma di frecce e chiedo ai bambini di osservare bene la loro direzione. Essi così possono osservare chiaramente che esse sono opposte. Spiego inoltre che questo accade con tutti i corpi su cui applichiamo una forza: essi fanno forza su di noi! Questa "seconda forza" va nella direzione opposta ma è "forte" tanto quanto la nostra.

Propongo altri esempi, come quando gli alunni si sono spinti a coppie per aiutarli maggiormente a comprendere il principio di azione-reazione. Infine, ogni alunno realizza una piccola rappresentazione grafica dell'esperimento.

Insegnante: "Quindi oggi abbiamo capito che la forza può fare un po' di cose! Oltre a muovere gli oggetti, cosa possiamo fare con la forza?"

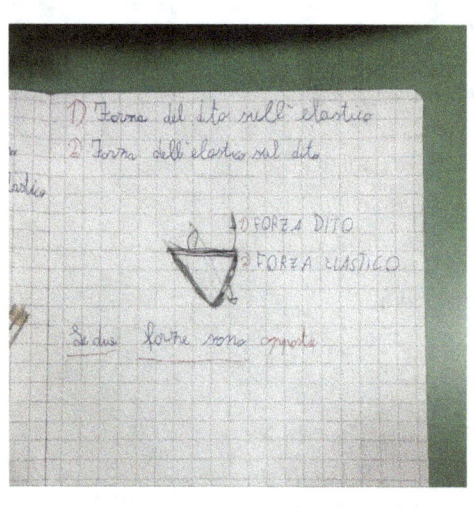
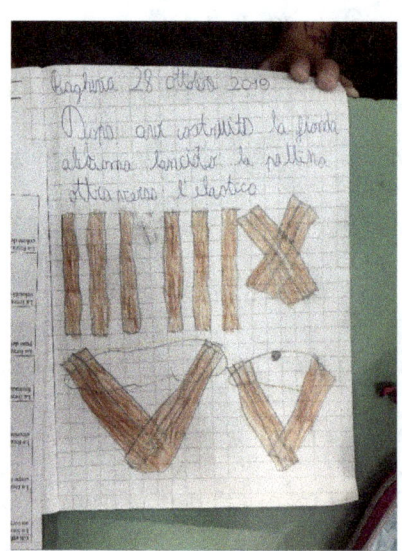

C.: *"Possiamo correre velocissimi"*

A.: *"Possiamo allungare gli elastici"*

Insegnante: "Allungare gli elastici significa che abbiamo cambiato forma all'elastico! Sapete con la forza si può cambiare la forma di molti oggetti. Provate voi con qualcosa che avete nel banco!"

Gli alunni provare a fare forza sulle sedie, o sul banco, fin quando alcuni bambini fanno notare alla classe come la forma della gomma e del righello siano un po' cambiata.

G.: *"Però solo con poche cose si può cambiare la forma"*

Insegnante: "In realtà ci sono oggetti più leggeri e pesanti, potremmo cambiare forma anche al diario ma ci vuole troppa forza, noi non l'abbiamo.

Gli alunni non riescono ad individuare altri effetti della forza, così pongo altre domande stimolo. Essi comprendono facilmente che con la forza possiamo anche far passare un corpo dallo stato di moto allo stato di quiete ma mostrano. Successivamente li faccio giocare con una pallina; seduti per terra la spingono tra loro, cambiandone costantemente la direzione. Nel farlo notare loro, noto alcune difficoltà.

Insegnante: "Ad esempio se prima ci muoviamo verso destra e poi verso sinistra, questo significa cambiare direzione. Qualcuno di voi gioca a calcio?"

Molti maschietti dicono di sì

Insegnante: "Cosa fate quando dovete fare goal?"

A.: *"Io devo tirare nell'angolo della porta lontano dal portiere"*

Insegnante: "Quindi a destra o sinistra rispetto a dove sei tu vero?"

A.: *"Si e con il piede tiro forte"*

Insegnante: "Esatto, questo vuol dire cambiare la direzione: prima la pallina va verso G. ma io le do un calcio e la faccio andare verso M. C:"

Continuo a far provare i bambini diverse situazioni di questo tipo fino alla fine della lezione, in modo da poter facilmente ricollegare la verbalizzazione con l'esperienza pratica.

31 ottobre

In fase di progettazione ho previsto la realizzazione di due piccole prove in itinere durante tale incontro, rispettivamente una scheda con dieci affermazioni da indicare come vere o false e realizzare una mappa concettuale sulla forza.

Per tale motivo la lezione prende avvio con un riepilogo di tutti gli argomenti trattati fino a questo momento, in modo da permettere agli alunni di ripassare e a me di comprendere se siano effettivamente pronti per affrontare le due piccole verifiche.

Distribuisco le schede e leggiamo le domande insieme. Ognuna viene commentata e spiegata. Gli alunni hanno a disposizione circa 30 minuti per svolgere la prova singolarmente. Molti mi pongono alcune domande, soprattutto in merito agli esempi che devono trascrivere accanto ad ogni affermazione. Nel rispondere non indico mai la risposta corretta ma li invito a pensare ad alcuni precisi esperimenti che abbiamo eseguito.

Al termine, correggiamo insieme la prova.

R.: *"Io non capisco questa domanda, se la forza fa aumentare il peso"*

Insegnante: "Prova a pensare, se fai forza su questo portacolori il suo peso aumenta?"

R.: *"Non lo so"*

Insegnante: "Diventa più pesante dopo che lo hai spinto?"

R.: *"No!"*

Insegnante: "La forza cambia la forma dei corpi? È giusto o sbagliato?"

I bambini si dividono rispondendo sì e no.

Insegnante: "Chi dice che non è vero perché lo pensa?"

A.: *"Perché la forma rimane sempre la stessa"*

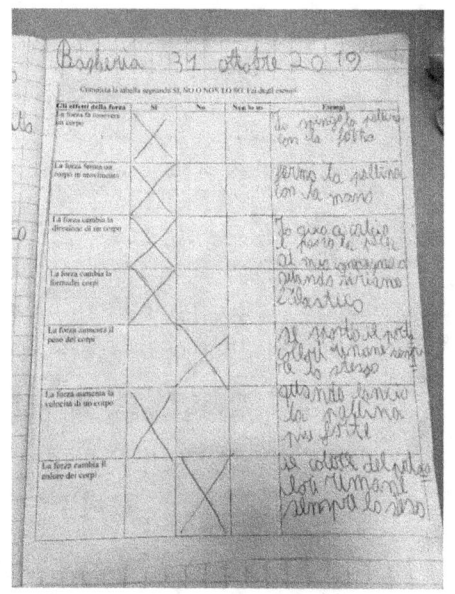

Insegnante: "Pensate all'esperimento con la fionda"

M. C.: "*Ah si, l'elastico si allunga*"

F.: "*Quindi si cambia forma, perché diventa più lungo*"

G.: "*Io non ho capito se la forza aumenta la velocità*"

Per aiutare la bambina, faccio scivolare sul pavimento una pallina e, mentre essa è in moto, chiedo all'alunna di darle un piccolo calcio. Così facendo nota effettivamente come la velocità del corpo sia aumentata applicando una piccola forza.

Dopo aver corretto tutte le domande e aver chiarito i vari dubbi, si passa alla realizzazione della mappa concettuale. Per aiutarli nella stesura della mappa, scrivo alla lavagna alcune domande stimolo a cui rispondere, come "Che cos'è la forza?", "Che tipi di forza conosciamo?", "A cosa serve la forza?". Chiariscono opportunamente che esse sono solo uno spunto ma loro possono inserire tutto ciò che ritengono opportuno, prendendo spunto anche dalla scheda appena completata.

Al termine chiedo agli alunni di descrivere brevemente la loro mappa concettuale a tutta la classe.

4 novembre 2019

Durante la spiegazione del primo principio della dinamica, ho introdotto il concetto di attrito, parlando brevemente di superfici lisce e ruvide. L'obiettivo della lezione è proprio quello di riprendere la forza di attrito attraverso un esperimento.

Per introdurre l'argomento, invito inizialmente gli alunni a parlare di tutti gli esperimenti realizzati fino a questo momento. In questo modo la discussione guidata diventa l'opportunità per riprendere e spolverare le tematiche affrontate. Giunti all'esperimento del cd e del palloncino, pongo alcune domande agli studenti: se ricordano cosa sia l'attrito e la differenza tra superfici lisce e ruvide.

Insegnante: "Chi di voi quindi si ricorda cos'è un oggetto liscio?"

A.: "*Significa che è scivoloso*"

Insegnante: "Facciamo un esempio"

A.: *"Ad esempio il ghiaccio"*

Insegnante: "Invece cosa significa ruvido?"

G.: *"Che non è scivoloso"*

Insegnate: "Quindi abbiamo detto che la terra è liscia o ruvida?"

F.: *"Ruvida perché ci sono le pietre"*

Insegnante: "Poi abbiamo parlato di moto. Nelle superfici ruvide i corpi si fermano prima o dopo?"

Solo un bambino risponde correttamente, dicendo che è presente più attrito. Riprendo solo brevemente quindi la forza di attrito, ma per farla comprendere bene agli studenti punto l'attenzione sulla differenza tra le superfici lisce e ruvide, riproponendo gli esempi della pallina che compie un moto nel terreno o nel ghiaccio.

Insegnante: "Oggi il nostro compito sarà capire in quali superfici c'è più attrito e in quali c'è meno attrito!"

Mostro il materiale che ho portato in aula: due pezzi di legno, un discetto di plastica, polistirene, un panno di stoffa, carta velina, cartoncino in gomma. L'esperimento consiste nel poggiare i due legni in modo che il più lungo sia posto in verticale e formi un piccolo "scivolo". Alla sua estremità inferiore vengono posti di volta in volta i diversi materiali sopra elencati (in più anche la superficie della cattedra). Il dischetto viene posto sull'estremità superiore del legno e fatto scivolare su di esso. Congiungo con un foglio di carta lo scivolo con la superficie posta sotto di esso in modo da eliminare l'angolo vivo che si crea tra scivolo e appoggio, per rendere la discesa del dischetto più regolare. Con un cronometro i bambini avranno la possibilità di misurare il punto esatto in cui si ferma il dischetto.

Prima di iniziare però chiedo ai bambini di fare delle ipotesi su quali siano, a loro avviso, le superfici che avrebbero esercitato un maggiore attrito e quindi su quali superfici il dischetto si sarebbe fermato prima e trascriverli nel proprio quaderno, in modo da confrontarli al termine dell'esperimento. Gli alunni appaiono subito molto confusi, in quanto ognuno cita materiali quasi "a casaccio". Per aiutarli li invito a raggiungere la carta e toccare con mano gli oggetti, per cercare di capire quale possa essere più liscio o ruvido rispetto ad un altro. Piuttosto che realizzare ciascuno la propria lista, li guido nella stesura di una collettiva per tutta la classe. Alla fine, in quasi totale accordo, si ipotizza che la cattedra sia la superficie più liscia, successivamente il panno di stoffa, polistirene e infine la carta velina.

Divido i bambini in quattro gruppi composti da soli maschi e sole femmine; ogni gruppo viene alla cattedra a svolgere l'esperimento. Su una tabella nel quaderno gli alunni trascrivono i dati trovati per ogni oggetto. L'attività è stata molto collaborativa e gli alunni si sono impegnati molto; inoltre essi confrontavano i dati ritrovati con quelli dei compagni per essere certi che tutto combaciasse.

Al termine, avviene la verbalizzazione dell'esperienza.

M. C.: "*Non è uguale alla nostra lista*"

Insegnante: "Vuol dire che non tutte le nostre ipotesi erano corrette"

G.: "*Al primo posto c'è la cattedra*"

Insegnante: "Adesso però dobbiamo capire perché nella cattedra il dischetto si è mosso di più"

F.: "*Perché è più liscio*"

Insegnante: "Invece il più ruvido è?"

F.: "*Il polistirolo*"

Insegnante: "Quindi vuol dire che nelle superfici ruvide c'è qualcosa che ferma prima il dischetto. Cosa?"

Nessun alunno risponde correttamente

Insegnante: "Pensate a cosa abbiamo detto che succede nella terra o nell'erba"

G.: *"Ah sì, ci sono più cose, più pietrine"*

Insegnante: "Queste cose che fermano prima gli oggetti l'abbiamo chiamata con un nome ben preciso. La forza di..."

A.: *"La forza di attrito!"*

Si arriva così alla conclusione che più ruvide e rugose sono le superfici, maggiore risulta l'attrito che esse esercitano e dunque più rapidamente un oggetto che si muove su di esse, perde la sua velocità.

9 novembre 2019

L'incontro viene totalmente dedicato alle verifiche conclusive. La prima parte viene svolta attraverso la somministrazione del post-test, la seconda parte attraverso alcune piccole interrogazioni agli alunni, al fine di ottenere una valutazione completa e attendibile.

La lezione inizia con il consueto riepilogo di quanto studiato nell'incontro precedente; successivamente invito gli alunni a ricordare anche gli altri esperimenti effettuati in modo da aiutarli a ripassare brevemente tutte le tematiche affrontate. Al termine, spiego agli alunni che è arrivato il momento di fare per la seconda volta il test iniziale svolto il primo giorno, proprio per capire se adesso è più semplice o meno rispondere alle domande. Quest'ultime vengono lette attentamente da me, assicurandomi che tutti gli studenti abbiano compreso. Soltanto un alunno con disabilità non svolge la prova scritta, ma in forma orale.

Tutti gli studenti lavorano singolarmente e terminano in circa 30 minuti. Successivamente la prova viene corretta insieme e questo mi dà l'occasione di ascoltare e comprendere meglio i ragionamenti effettuati dagli alunni.

Insegnante: "S. tu hai sbagliato la domanda sulla massa e il peso. Proviamo a pensare insieme: quale tra queste due rimane sempre la stessa? E quale invece cambia negli astronauti che vanno negli altri pianeti?"

S.: *"Il peso cambia, sulla Luna è diverso"*

Insegnante: "Esatto. Quindi è il peso che cambia e dipende dalla gravità, ok?"

Insegnante: "Gli oggetti lisci hanno poco attrito o molto attrito? Facciamo degli esempi"

R.: *"Gli oggetti lisci hanno poco attrito, tipo la cattedra"*

G.: *"Gli oggetti lisci hanno poco attrito perché nell'esperimento il dischetto è scivolato di più nella cattedra"*

Insegnante: "Come si fa a passare da fermi a in movimento?"

S.: *"Con la forza"*

G.: *"Dobbiamo prendere l'oggetto e farlo muovere"*

Insegnante: "La forza serve solo per spostare gli oggetti pesanti o anche quelli leggeri?"

F.: *"Tutti gli oggetti, anche quelli leggeri"*

G.: *"Soprattutto gli oggetti pesanti ma anche per quelli leggeri ci vuole un pochino di forza"*

Insegnante: "la forza di attrito si sviluppa tra due superfici che stanno a contatto fra loro o no?"

Quest'ultima domanda riceve una risposta affermativa da tutti gli alunni. Infine, invito alcuni di loro a disegnare alla lavagna l'esperimento della fionda per osservare la rappresentazione della forza e la conseguente direzione.

Si tratta solo di alcune delle domande e conseguenti risposte ottenute, le quali mi hanno effettivamente consentito, insieme agli altri strumenti utilizzati, di fornire una valutazione complessiva.

18 novembre 2019

L'incontro conclusivo viene interamente dedicato alla realizzazione delle interviste finale, realizzate in forma singola ad ogni studente. Esse si svolgono nella stessa aula utilizzata per le interviste iniziali, in modo da poter facilmente registrare gli alunni. Quest'ultimi sono molto tranquilli, a loro agio e soprattutto felici dei lavori realizzati insieme. La maggior parte mi conferma di aver pensato che le lezioni sarebbe state difficili, al contrario si sono divertiti molto nella realizzazione degli esperimenti.

Le interviste durano circa 5/10 minuti a bambino, per un totale di due ore. Al termine rientro in aula e ringrazio tutta la classe per l'accoglienza e la disponibilità dimostrata nei miei confronti nello svolgimento di questo percorso didattico.

4.6.2 Classe 5°

8 ottobre 2019

La sperimentazione nella classe 5° prende avvio l'8 ottobre 2019. Il primo incontro in entrambe le classi è caratterizzato da una prima presentazione fra gli alunni e l'insegnante.

Mi sono inizialmente presentata, spiegando agli alunni di essere una studentessa universitaria che sta studiando per diventare una maestra; chiarisco di essere nella loro classe per provare ad "esercitarmi" nello svolgimento di questa professione e di avere bisogno di tutta la loro collaborazione per realizzare un bellissimo progetto di scienze.

Dopo la breve presentazione, mi sposto in una piccola stanza, generalmente utilizzata dagli insegnanti e/o personale Ata ma disponibile in quelle ore, per effettuare le interviste agli studenti. Quest'ultime si svolgono con serenità, gli studenti sono a loro agio e rispondono a tutte le domande. Esse durano 7/10 minuti a bambino, per un totale di circa 2 ore.

Al termine, rientro in classe e svelo agli alunni l'argomento che andremo a studiare insieme: la forza. Viene somministrato a tutti gli studenti il questionario sulle pre-conoscenze. Gli studenti hanno a disposizione circa 30 minuti per rispondere alle domande del questionario: prima di procedere mi premuro di leggere attentamente ogni consegna e spiegarne il contenuto. Uno studente svolge la prova oralmente in quanto si tratta di un alunno con Dsa. Un secondo studente non può svolgere la prova, poiché egli presenta la sindrome del Disturbo dello Spettro Autistico, con un livello severo.

Durante lo svolgimento della verifica, gli alunni pongono alcune domande, soprattutto in merito all'attrito e alla descrizione della forza. Rispondo a tali domande promuovendo delle riflessioni, invitandoli ad esempio a pensare a tutte le volte che hanno sentito dire espressioni come "Che forte", "Ci vuole molta forza". Tra le domande più frequenti: "Ma la forza del coraggio la posso inserire come forza?", "La forza dei muscoli è un tipo di forza?", "Ma noi non abbiamo fatto la differenza tra peso e massa". Le mie risposte lasciano gli alunni liberi di scrivere quello che più ritengono corretto poiché non devo influenzarli in alcun modo e devo inoltre evitare che alcune domande poste spingano gli altri compagni a scrivere le medesime cose. Infine, sottolineo come essi possano scrivere "Non lo so" in quelle domande in cui non conoscono la risposta.

10 ottobre 2019

Il test sulle preconoscenze è il punto di partenza del secondo incontro; inizio col chiedere loro quali domande sono sembrate più difficili e complesse e la maggior parte degli alunni risponde citando le domande sull'attrito e su che cosa succede ai corpi quando viene applicata una forza. Inoltre, mi comunicano di aver già studiato, almeno in parte, la massa e il peso. Tra le domande più semplici invece, quelle della descrizione di alcune situazioni in cui viene applicata una forza e la domanda sullo stato di quiete.

Ricollegandomi a quest'ultima affermazione, pongo agli studenti alcune domande sui corpi, sullo stato di moto e sullo stato di quiete. Quasi gli studenti hanno infatti sbagliato la domanda in cui veniva chiesta la definizione di "corpo".

Insegnante: In realtà questa era una domanda a trabocchetto. Io vi ho chiesto cosa significa la parola "corpo" nel linguaggio scientifico. Conoscete la differenza tra il linguaggio scientifico e quello che usiamo tutti i giorni?

G.: *"Che ci sono più parole?"*

M.: *"Che lo usano gli scienziati"*

Insegnante: "Il linguaggio scientifico utilizza parole del linguaggio quotidiano ma con un significato un po' diverso. Il corpo in scienze non significa il corpo umano. Significa qualsiasi oggetto che ad esempio ha un peso, un volume, che sta fermo o in movimento. Ad esempio questo diario è un corpo."

M: *"Ma non ha ne gambe ne braccia"*

Insegnante: "No, perché non parliamo del corpo umano, ma ha un altro significato"

G.: "*Quindi anche la mia gomma è un corpo*"

Insegnante: "Si. Se vi dico che questo diario è un corpo in stato di quiete, cosa significa?"

A.: "*Che è tranquillo*"

D.: "*Che è rilassato*"

G.: "*Che è fermo*"

Scrivo alla lavagna le diverse ipotesi proposte dagli alunni; successivamente chiedo agli alunni di immaginare un diario tranquillo o rilassato: ovviamente non è possibile.

G.: "*Io sapevo che quiete significa tranquillo però*"

Insegnante: "Hai ragione G., però significa tranquillo nel linguaggio quotidiano. Adesso noi parliamo di linguaggio scientifico, quindi il significato non è proprio lo stesso. E il contrario di stato di quiete qual è?

A.: "*Il movimento*"

Insegnante: "Esatto! Quindi ad esempio se io adesso cammino posso dire che sono un corpo in stato di…"

A.: "*di movimento*"

Insegnante: "Adesso però vi faccio una domanda un po' più difficile. Voi siete in macchina con la mamma che guida. Vi state muovendo o siete fermi?"

A tale domanda i bambini dibattono a lungo, in quanto alcuni sostengono di essere fermi con le gambe e le braccia, altri invece sostengono ci si sta spostando in posti lontani, quindi siamo in movimento.

Insegnante: "Quindi siamo tutte e due le cose? Sia in stato di moto che di quiete?"

G.: "*Si perché noi siamo fermi ma ci muoviamo*"

Insegnante: "Ci siete andati vicini ma ancora manca qualcosina. In realtà noi possiamo capire se siamo in movimento o fermi in base al sistema di riferimento. Pensiamo un po': se qualcuno da fuori la macchina ci vede pensa che siamo in movimento, ma se ci guarda la mamma che guida pensa che siamo fermi"

Successivamente propongo un'attività sul moto, prima di un corpo inanimato (una pallina) e poi del moto degli stessi studenti. Prima di procedere agli esperimenti, pongo alcune domande stimolo agli studenti per far comprendere loro quali grandezze siano necessarie per descrivere il moto di un corpo.

Insegnante: "Cosa si può dire di un moto?"

G.: "*Quanto è veloce*"

G.: "*Quando si ferma*"

G.: "*L'angolazione*"

M.: "*Quanta strada fa*"

Insegnante: "Più che la strada si parla di..?"

Silenzio generale

Insegnante: "Di spazio. Qualcos'altro?"

S.: "*Quanto tempo ci mette*"

Insegnante: "Perfetto. Noi adesso, come dei piccoli scienziati analizziamo il moto di una pallina, vediamo quanto spazio percorre e in quanto tempo"

Gli alunni si dividono in gruppi scegliendo autonomamente con chi stare. In particolare si creano 5 gruppi, di cui uno composto da sole femmine ed uno composto da soli maschi.

Ad ognuno do il materiale necessario: nastro adesivi, palline, righelli e cronometro. Spiego loro che ogni gruppo deve costruire un rettangolo 60 cm x 15 cm, all'interno del quale spingere la pallina per tre volte: la prima volta determinando un moto lento, la seconda un po' più veloce e la terza velocissimo. Con il cronometro essi misurano il tempo e trascrivono i dati trovati in una tabella nel quaderno. Durante l'esecuzione, passo in ogni gruppo a controllare che i bambini eseguano bene il lavoro e che ogni alunno contribuisca alla riuscita del piccolo esperimento. Quando tutti i gruppi hanno terminato, si passa al commento generale dei risultati ottenuti, riflettendo in particolare sul tempo.

Insegnante.: "Allora come mai il tempo varia sempre se lo spazio è rimasto uguale?"

M.: *"Perché facevamo andare la pallina più veloce"*

A.: *"Perché ci mettevo più forza"*

Insegnante: "Esatto. Quindi serve un po' di forza per far muovere gli oggetti giusto?"

D.: *"Si certo"*

Insegnante: "Anche gli oggetti più piccoli?"

M.: *"Certo altrimenti non si sposta nemmeno il righello"*

Insegnante: "Quindi quando nelle domande molti hanno scritto che la forza serve solo per gli oggetti pesanti era giusto o sbagliato?"

A.: *"Sbagliato perché serve anche per gli oggetti leggeri"*

Insegnante: "Esatto. Adesso andremo in palestra per fare un'attività insieme. Fino ad ora abbiamo osservato infatti il moto di corpi inanimati come la pallina, ma adesso sarete voi a correre. Per descriverlo dobbiamo sempre misurare il tempo e la distanza"

Una volta arrivati in palestra, i bambini si dispongono lungo la linea bianca in fondo alla stanza. Un'alunna aiuta l'insegnante a misurare lo spazio in cui tutti devono correre, per una lunghezza totale di 4 m. Uno per volta tutti gli alunni corrono; con l'aiuto di un alunno che quel giorno non può correre a causa di un infortunio, cronometriamo il tempo e trascriviamo i risultati. Durante l'attività mi accorgo che alcuni alunni battibeccano fra loro, in quanto si è creata una competizione su chi sia il più veloce. Mi preoccupo dunque di spiegare quale sia il senso dell'esperimento: non tracciare una classifica, ma osservare quali grandezza sia necessarie per descrivere il moto di un corpo. Tornati in classe commentiamo i vari dati raccolti.

15 ottobre 2019

Inizialmente chiedo ad un alunno di riepilogare quanto abbiamo detto sul moto, sui corpi e sullo stato di quiete e moto. Intervengo anche altri alunni; attraverso i loro commenti posso verificare un riscontro positivo, in quanto essi sembrano avere compreso.

Successivamente propongo un brainstorming sulla parola "Forza", attraverso alcune domande stimolo.

G.: "*La forza serve a sollevare gli oggetti*"

G.: "*La forza serve a spostare le persone o le cose*"

A.: "*La forza serve a superare i momenti brutti della vita*"

[…] Insegnante: "La forza ci serve per sollevare solo oggetti pesanti?"

S.: "*Si lo abbiamo detto l'altra volta! Per far muovere la pallina anche di poco ci vuole un po' di forza*"

Insegnante: "Quindi quante volte al giorno usiamo la forza?"

G.: "*Tantissime, praticamente sempre*"

Insegnante: "Avete detto che la forza serve per spostare gli oggetti, pesanti e leggeri. Invece di spostarli o lanciarli che cosa potremmo dire? Usiamo il linguaggio scientifico"

Nessun alunno parla di far muovere i corpi attraverso l'applicazione di una forza, dunque provo a farli giungere a tale conclusione attraverso un'altra domanda.

Insegnante: "Noi abbiamo detto che i corpi possono essere in stato di quiete o in stato di moto. Ma cos'è che permette a un corpo di passare da uno stato all'altro?"

G.: "*Noi quando li lanciamo*"

Insegnante: "Ok, e noi per lanciarli cosa dobbiamo fare?"

G.: *"Dobbiamo usare la forza"*

Insegnante: "Ottimo, quindi invece di dire che siamo noi a far muovere i corpi perché li prendiamo, possiamo dire che?

G.: *"E' la forza che li fa muovere"*

Insegnante: "Quindi chi si sente di suggerirmi una prima definizione di cos'è la forza?

M.: *"La forza serve per compiere azioni della vita quotidiana"*

Insegnante: "Questo è vero. Ma pensiamo allo stato di quiete e a quello di movimento". Potremmo dire che la forza serve a passare..?

A.: *"Dallo stato di quiete a quello di movimento"*

Trascrivo alla lavagna le varie definizioni che degli alunni sulla forza. Successivamente chiedo di elencare i tipi di forza che conoscono, trascrivendoli nella seconda lavagna presente in aula.

Insegnante: "Ma la forza serve solo a far muovere i corpi? E nient'altro?"

G.: *"No, io posso anche tirare un pungo a lui"*

Insegnante: "Non si danno pugni ai compagni. Se vuoi puoi provare a fare forza nel portacolori"

Tutti concordano che il portacolori non si sta muovendo e G. suggerisce che il corpo è stato deformato dall'azione del dito. Tutti gli alunni provano ad applicare una forza sul proprio quaderno, o portacolori, o sul banco, descrivendo le varie sensazioni che provano.

Propongo agli alunni un'attività da svolgere in coppia. I tavoli sono disposti a ferro di cavallo, dunque al centro rimane un ampio spazio dove delimitare una piccola arca all'interno della quale le coppie si "sfideranno": ogni bambino dovrà cercare applicare una forza sul compagno per farlo fuoriuscire dal ring. Le posizioni sono tre: in piedi l'uno di fronte all'altro con i palmi delle mani a contatto, seduti l'uno di fronte all'altro con le piante die piedi a contatto ed infine un compagno volge le spalle all'altro e quest'ultimo tenta di spingerlo spingendo con le mani sulla sua schiena. Durante l'esecuzione spiego loro che il punto in cui spingono il compagno si chiama punto di applicazione.

L'attività ha lo scopo di far riflettere gli alunni sulle sensazioni provate quando si applica una forza e sulla sua direzione. Quando chiedo agli alunni di indicarmi in che direzione vada la propria forza nei primi due casi, essi non hanno dubbi a rispondere correttamente: le due forze sono opposte fra loro. Nell'ultimo caso insorgono alcuni dubbi.

Insegnante: "E invece quando spingi il compagno di schiena in che direzione va?"

G: *"La mia forza va verso di lui, invece la sua forza va indietro"*

Insegnante: "Quindi ancora opposte?"

M.: *"Si perché alla fine mi sono mosso in avanti"*

S.: *"Secondo me va verso il basso, perché devo cercare di rimanere fermo"*

G.: *"Ma alla fine ti muovi in avanti"*

S.: *"Perché G. è più forte"*

Insegnante: "Proviamo a rifarlo ragazzi e cerchiamo di concentrarci bene"

D.: *"Io ho capito, va verso dietro perché faccio resistenza a S."*

Insegnante: "Perfetto. E come mai poi ci muoviamo in direzione opposta?"

M.: *"Poi ti muovi perché la mia forza è maggiore della tua"*

L'attività si conclude con il gioco del tiro alla fune, svolto nella palestra della scuola. Gli studenti vengono divisi in due squadre; durante il gioco chiedo loro di riflettere sulla forza, in particolare quanta forza stanno applicando e in che direzione. Purtroppo, un bambino subisce un piccolo incidente durante il tiro alla fune, dunque rientriamo in classe dopo poco tempo.

Insegnante: "Secondo voi in che direzione andava la forza?"

S.: *"Verso la squadra di A. perché ha vinto"*

Insegnante: "Si ha vinto la squadra di A., ma prima non spingevate anche voi?"

S.: "*Sì*"

Insegnante: "Quindi voi avete fatto forza nella stessa direzione dell'altra squadra o no?"

A.: "*No prima facevano forza contro di noi!*"

Insegnante: "Quindi in che direzione andava la forza?"

M.: "*Quella della nostra quadra andava indietro verso di noi perché spingevamo indietro*"

D.: "*E la nostra pure*"

Per favorire la verbalizzazione e la comprensione dell'attività vissuta, invito gli alunni a rappresentare graficamente le diverse situazioni, indicando sia la direzione delle forze sia il punto di applicazione.

16 ottobre 2019

La lezione prende avvio con un breve riepilogo di quanto studiato durante la volta precedente; pongo alcune domande agli alunni per far sì che essi raccontino correttamente ai compagni assenti la volta precedente quanto abbiamo fatto. In questo modo tutti gli alunni possono ricordare bene gli argomenti di cui abbiamo trattato ed io mi ricollego alle affermazioni per introdurre la tematica del giorno: il primo principio della dinamica, il quale stabilisce che un corpo non soggetto a forze o soggetto a forze la cui risultante è nulla, permane nel suo stato di quiete o continua a muoversi di moto rettilineo uniforme. È necessario dunque introdurre almeno in parte il concetto di attrito.

Insegnante: "Ricordate quando abbiamo tirato la pallina? Quando si è fermata?"

A.: *"Quando ha sbattuto al muro"*

Insegnante: "Secondo voi se non ci fosse il muro quando si fermerebbe?

A: *"Dopo un po' quando rallenta"*

Insegnante: "Ok, ma perché rallenta la pallina? Cosa succede che la fa rallentare?"

G: *"Perché perde velocità"*

Insegnante: "Ma perché perde velocità?"

D.: "Dipende da quanta forza ci mettiamo a spingere perché se spingiamo forte si ferma dopo"

Insegnante: "Questo è vero, però rallenta lo stesso, perché?"

S.: "Perché prima o poi incontra qualcosa che lo ferma."

Insegnante: "Pensate se per 10 chilometri non incontrasse nulla. La pallina continuerebbe a rotolare per tutto questo spazio?"

S.: "No si ferma prima"

Insegnante: "Perché si ferma se non incontra nulla?"

Vengono ripetute le risposte precedenti e diversi non lo so.

Insegnante: "Pensate a quando tirate una pallina nell'erba. Quando si ferma?"

A.: "Si ferma prima perché c'è l'erba"

G.: "Perché ci sono le fosse nel terreno"

Insegnante: "Quindi cos'è che rallenta la pallina"?

A: "Le cose che ci sono"

Insegnante: "Facciamo l'esempio opposto. Qualcuno ha mai pattinato sul ghiaccio?"

S.: "Si scivola tantissimo sul ghiaccio"

Insegnante: "Quindi se tiriamo la pallina sul ghiaccio dopo quanto si ferma?"

Un generale "dopo molto"

Insegnante: "C'è una bella differenza tra il ghiaccio e la terra no?"

G.: "E' perché nella terra ci sono più cose"

Insegnante: "Ci siamo quasi. Quello che succede è che interviene un'altra forza, che si chiama attrito. Ne avete mai sentito parlare?"

A: io sì, è quando due cose si strofinano tipo

In fase di progettazione avevo ipotizzato di far osservare agli studenti il moto di alcuni oggetti nel giardino della scuola e poi in una superficie ricoperta d'olio. A causa però della pioggia del giorno non è possibile uscire, dunque gli esempi vengono svolti solo pochi esempi in classe, ad esempio attraverso l'uso del portacolori. Faccio scivolare quest'ultimo nel pavimento, mostrando come si fermi dopo poco tempo. Successivamente chiedo loro quando si fermerebbe se lo facessimo scivolare nel ghiaccio e gli alunni mi rispondono che si fermerebbe dopo molto tempo; al contrario nell'erba si fermerebbe subito. Si arriva quindi alla conclusione che nelle superfici lisce i corpi compiono moti più lunghi.

G.: "Perché nelle superfici lisce non c'è niente che li ferma"

Insegnante: "Esatto. Questo qualcosa "che li ferma" la possiamo chiamare forza d'attrito. Nelle superfici lisce c'è poca forza di attrito. Secondo voi, se facciamo muovere un cd in un posto in cui non c'è attrito dopo quanto si ferma?"

Molti alunni concordano sul fatto che si ferma dopo più tempo.

Insegnante: "Provate ad immaginare di farlo muovere in un posto come il ghiaccio ma con meno attrito. Si ferma secondo voi? Si o no?

M.: si prima o poi si deve fermare

G.: si ferma dopo tantissimo tempo perché scivola un sacco

Insegnante: "E se non ci fosse completamente l'attrito? Pensate che noi sulla Terra non lo abbiamo mai visto perché ovunque c'è attrito".

Gli alunni continuano a dibattere sul fatto che la pallina si fermerà dopo molto tempo.

Insegnante: "Pensate che sia possibile quantificare questo tempo?"

Gli alunni rispondono alternando lassi di tempo come 30 minuti o un'ora; alcuni dicono che non è possibile stabilirlo con precisione. Tale fase è fondamentale, in quanto gli studenti si confrontano tra loro proponendo diverse ipotesi, che verranno di lì a poco confermate o smentite dall'esperimento.

Spiego loro che in realtà non si fermerebbe mai e continuerebbe a muoversi sempre alla stessa velocità. Gli alunni sono impressionati, così spiego come effettuare l'esperimento per eliminare quasi totalmente l'attrito. Gli alunni vengono divisi in coppie, ad ognuna delle quali viene dato un cd, un palloncino e un tappo. Chiedo loro come utilizzare questi strumenti, facendo alcune ipotesi; chiedo loro cosa dovremo fare con il palloncino, dove dovremo posizionarlo, etc. Gli studenti comprendono che esso andrà gonfiato e poi posizionato sopra il tappo, ma non capisco a quale scopo.

Insegnante: "Vi do un indizio. Incolleremo il tappo al centro del cd. Cosa accade dopo?"

G.: "*Aah ho capito! L'aria esce da sotto e il cd si solleva*"

 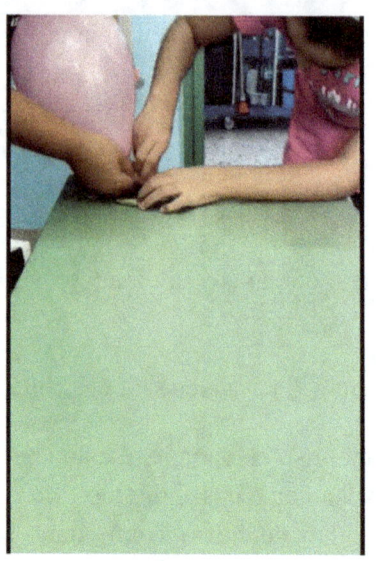

Insegnante: "Sì, il cd non poggia più sulla cattedra. Il modo del disco non avverrà più sulla superficie della cattedra ma si muoverà su un cuscinetto d'aria. Vi ricordo che non è possibile eseguire questo esperimento in assenza totale di attrito perché comunque anche l'aria esercita un certo attrito contro il modo del corpo. Per eseguire l'esperimento in maniera perfetta dovremmo farlo nel vuoto, cosa per noi impossibile."

Invito tutte le coppie a sistemare il proprio materiale e ad incollare il tappo al centro del cd. Per prima cosa ogni coppia ha lasciato scorrere il cd senza gonfiare il palloncino, sulla superficie della cattedra, imprimendogli delle piccole spinte. Gli alunni osservano come esso si muove a stento e con difficoltà, fermandosi poco dopo. Successivamente Ogni coppia, gonfia il palloncino e lo posiziona sul tappo. Una volta che quest'ultimo viene sollevato, basta dare una piccola spinta al cd ed esso inizia a muoversi lentamente con velocità costante, fin quando tutto il palloncino si sgonfia e il cd torna nuovamente a contatto con la cattedra.

Dopo che ogni coppia ha effettuato l'esperimento alla cattedra, si passa alla verbalizzazione comune.

M.: *"E' come se ci fosse un motore ad aria che spinge il cd"*

M.: *"E' l'aria che fa muovere il cd"*

G.: *"Noi abbiamo fatto forza sul cd"*

A.: *"Non è l'aria che fa muovere il cd, è che non c'è attrito"*

22 ottobre 2019

L'obiettivo del quinto incontro è di mostrare la relazione esistente tra forza, massa e accelerazione. Essa è descritta nel secondo principio della dinamica; a parità di forza, una massa maggiore subirà un'accelerazione minore e viceversa. Inoltre, la massa è una proprietà intrinseca dei corpi, cioè è una caratteristica che non dipende né dall'ambiente circostante né dal modo che abbiamo scelto per misurarla. Vengono dunque realizzate alcune attività per promuovere una riflessione accurata da parte degli alunni sul concetto di massa e sulla differenza invece con il peso, spesso considerati erroneamente sinonimi.

La lezione inizia con un breve riepilogo degli argomenti già trattati, attraverso le descrizioni degli studenti.

Successivamente invito gli alunni a riflettere sulla possibilità di lanciare con la stessa forza due palloni differenti: un super santos e un pallone da basket. Nelle attività di educazione fisica, hanno sicuramente vissuto esperienze di questo tipo, infatti non hanno difficoltà a comprendere che il pallone più leggero compie un moto più lungo rispetto al pallone più pesante. È l'occasione per introdurre l'argomento massa.

Insegnante: "Qualcuno di voi ha mai sentito parlare di massa? Sapete cosa significa?"

A.: "*La massa è quella cosa degli oggetti pesanti*"

Insegnante: "Quindi gli oggetti leggeri non hanno una loro massa?"

A.: "*Si che ce l'hanno*"

A questo punto domando ai bambini se qualcuno conosce la differenza tra massa e peso. Alcuni mi rispondono dicendo che sono la tessa cosa e che si misurano con la bilancia. Chiarisco dunque che la massa è una caratteristica propria dei corpi, che fa riferimento a quanta materia è presente in un corpo; al contrario il peso non lo è poiché esso dipende dall'attrazione terrestre, per questo varia quando gli astronauti si trovano sulla Luna. Si apre una piccola parentesi sull'attrazione terrestre, chiarendo se i bambini hanno mai sentito parlare di questo argomento, in televisione o dai genitori etc.

Insegnante: "Secondo voi, la massa rimane sempre la stessa?"

G.: "*Si certo*"

Insegnante: "Invece il peso cambia?"

G.: "*No, anche se ci pesiamo su bilance diverse sempre lo stesso numero spunta*"

Insegnante: "Vero. Ma se ad esempio andiamo sulla Luna il peso cambia?"

G.: "*Si certo*"

A.: "*Perché sulla Luna c'è meno gravità*"

Insegnante: "Quindi il peso da cosa dipende?"

G.: "*Dalla forza di gravità*"

Insegnante: "E invece la massa cambia o rimane la stessa anche sulla Luna?"

G.: "*No rimane la stessa*"

Insegnante: "Ma allora perché spesso confondiamo massa e peso?"

A.: "*Perché sono simili*"

Insegnante: "Si ma perché sono simili?"

Gli alunni non rispondono.

Insegnante: "Quali sono le unità di misura del peso e della massa?"

Tutti dicono "*Il chilogrammo*"

Insegnante: Quindi per questo li confondiamo. Noi non dovremmo chiamarlo peso sapete. Dovremmo chiamarlo forza-peso, perché è appunto una forza."

Dopo questa breve conversazione spiego agli alunni come svolgere il prossimo esperimento. Ho portato in aula due bilance (non digitali) e un bastone. Gli alunni, uno per volta, devono pesarsi ed annotare il proprio peso. Successivamente dovranno pesarsi dapprima facendo forza con il bastone sulla bilancia, poi facendo forza con il bastone per terra e infine facendo forza con il bastone sul muro sopra di noi.

Chiede a tutta la classe cosa accade al peso se spingiamo con il bastone sulla bilancia. Tutti rispondono che il peso aumenterà. Nel caso in cui il compagno fa forza con il bastone per terra, i bambini ipotizzano che il peso diminuisca. Infine, per l'ultimo caso, gli alunni ipotizzano che il peso aumenterà o rimarrà invariato.

Invito i bambini a trascrivere le loro ipotesi nel quaderno e subito dopo possiamo verificarle tramite l'esperimento.

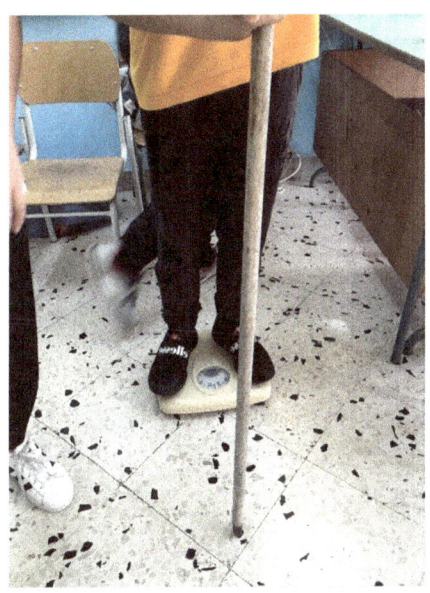 

Durante l'esperimento gli alunni si accorgono che le loro ipotesi non erano corrette. Nei primi due casi infatti il peso rimane invariato, solo nel terzo caso esso aumenta.

A.: *"In pratica non aumenta perché è il peso del nostro corpo che passa un po' dalle gambe po' nel bastone"*

S.: *"Nel secondo caso il peso diminuisce"*

Insegnante: "Siamo tutti sicuri che diminuisce?"

S.: *"Certo nella bilancia si vede, il peso rimane lo stesso"*

Insegnante: "Ma questo peso che diminuisce dove va a finire?

G.: *"Nel bastone"*

Insegnante: "Proviamo a mettere un'altra bilancia sotto il bastone. Cosa segna?"

G.: "*5 kg*"

Insegnante: "E il tuo peso di quanto era diminuito proprio di 5 kg. Quindi in realtà questa bilancia semplicemente non pesa tutto. Il peso non è diminuito, serve solo l'altra bilancia per vedere tutto il peso, anche quello del bastone a terra".

A.: "*Io non l'ho capito. La nostra forza passa al pavimento?*"

Insegnante: "No. Noi per spingere con il bastone usiamo una certa quantità di forza. Questa forza serve solo a spostare il peso dai piedi al bastone. È la stessa cosa di prima, solo che siccome il bastone lo mettiamo per terra, la bilancia uno non lo "sente" più. E perché nel terzo caso aumenta invece?"

A.: "*Perché c'è la porta che lo blocca*"

A.: "*Perché spingiamo con i piedi*"

Insegnante: "Secondo voi c'è qualcos'altro che fa forza che ci spinge?"

M.: "*Si, nel terzo caso c'è una forza che viene verso di noi*"

Insegnante: "Da dove viene questa forza?"

M.: "*Dal soffitto*"

Insegnante: "C'è qualcuno che sta facendo forza verso di noi?"

G.: "*La forza del legno?*"

D.: "*Secondo me c'è solo la nostra forza*"

A.: "*Secondo me la forza c'è, perché è come quando noi spingevamo le spalle, come io con D.. Io facevo forza verso di lui ma lui pure faceva pure forza*"

Insegnante: "E qual era la direzione della forza di D. te lo ricordi?"

A.: "*Faceva forza verso di me*"

Insegnante: "Ma la porta non è una persona, quindi come fa a far forza verso di noi?"

M.: "*Allora è come se fosse la nostra stessa forza che torna indietro*"

Insegnante: "Esatto, possiamo dire che è come se ci fosse una forza uguale alla nostra che "torna indietro" verso di noi, quindi è opposta"

Disegno alla lavagna le due forze tramite due frecce.

G.: *"Quindi ci sono due forze"*

Insegnante: "E perché questa forza del muro la sente la bilancia?"

S.: *"Perché è tantissima"*

A: *"Perché cerca di resistere alla nostra forza"*

Insegnante: "Ricordatevi in che direzione va la forza del muro"

S.: *"Va verso il basso"*

Insegnante: "Esatto, va verso la bilancia, quindi lei la sente molto bene "

I bambini continuano a porre domande in quanto non tutti hanno compreso a pieno quest'ultimo passaggio. Esso però verrà esplicitato meglio, nella lezione successiva in cui verrà spiegato il principio di azione-reazione.

Completata la verbalizzazione dei risultati ottenuti, invito i bambini a realizzare una rappresentazione grafica nel quaderno dell'esperimento e a trascrivere, accanto alle ipotesi precedentemente formulate, le verifiche realizzate.

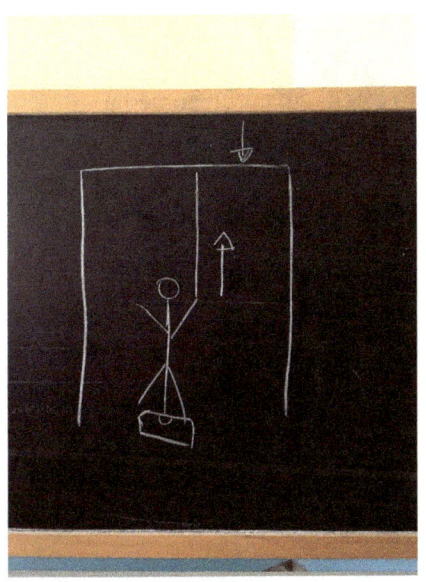
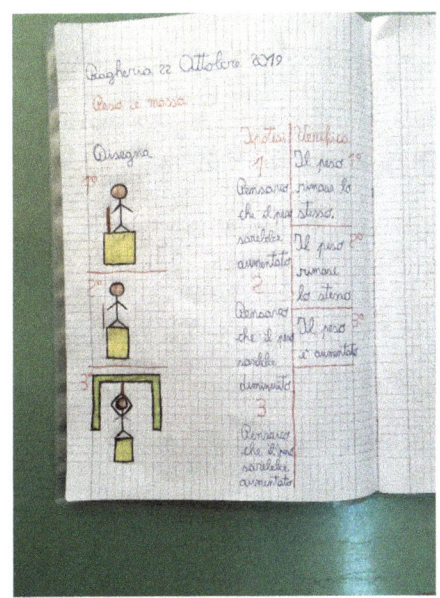

24 ottobre 2019

La lezione inizia con una conversazione guidata sulla forza. Inizialmente chiedo agli alunni di provare a ripetere quello che hanno compreso fino a questo momento. La maggior parte rispondono di aver capito che la forza serve per spostare gli oggetti sia pesanti che leggeri, per muoversi, che più forza si applica su un oggetto più esso si muoverà velocemente.

A.: *"Io ho capito che noi possiamo sentire la forza. Come quando abbiamo spinto il compagno"*

G.: *"E la forza ha sempre una direzione, in avanti o indietro"*

Chiedo ai bambini di replicare alcuni esempi pratici in cui esercitare una forza, come già fatto durante le prime lezioni. Chiedo inoltre se, oltre la direzione di cui hanno già discusso, sono in grado di indicare alcune caratteristiche delle forze.

Insegnante: "Quindi la forza serve solo per far muovere gli oggetti?"

S.: *"Anche per alzarli"*

Insegnante: "S. prova per favore ad applicare una forza sul tuo portacolori...Si sta muovendo?"

Invito ancora una volta gli alunni ad applicare una forza sul diario, sul muro, sulla gomma, fin quando un alunno esclama:

D.: *"Ho capito! La forza può anche cambiare la forma delle cose"*

Insegnante: "Esatto. La forza può avere molti effetti sui corpi, come farli muovere oppure deformarli, cioè cambiare la loro forma. Ci viene in mente qualcos'altro?"

Gli alunni continuano a mettere in atto altri esempi pratici ma nessuno individua altri effetti della forza.

M.: *"A volte la forza non fa nulla, ad esempio quando spingiamo il muro non succede niente"*

Insegnante: "In questo caso non succede nulla perché ci vuole una forza molto molto maggiore"

Chiedo agli alunni chi tra loro giochi a calcio: esso è l'esempio perfetto per far comprendere loro come la forza possa anche fermare il moto di un corpo o cambiarne direzione. Proponendo l'esempio del pallone da calcio infatti gli alunni comprendono subito come sia necessario applicare una forza per far cambiare direzione o anche per bloccare la palla. Inoltre, prendo alcune palline e invito gli alunni a provare a cambiare la loro direzione e bloccarle.

Infine spiego loro qual è l'unità di misura della forza, il Newton.

Terminata questa fase, ci prepariamo alla realizzazione di un esperimento: la costruzione di una fionda. Essa è propedeutica alla spiegazione del terzo principio della dinamica, cioè il principio di azione-reazione, il quale può essere descritto con l'affermazione "ad ogni azione corrisponde una reazione uguale e contraria". I diversi esempi e la costruzione della fionda servono proprio a far comprendere agli studenti che la forza non è mai sola, ma esiste sempre una forza uguale e contraria.

Gli alunni costruiscono le fionde in coppie, utilizzando due o tre bastoncini in legno, dello scotch e nastro adesivo per unire fra loro i bastoncini e un elastico.

Applicando una certa forza con il dito sull'elastico i bambini potranno divertirsi a lanciare piccoli pezzi di carta ma allo stesso tempo sentire chiaramente come anche l'elastico applichi una qualche forza sul loro dito. Utilizzandola, dovranno descrivere le forze che riescono ad individuare, dando ad ogni forza un "nome" che indichi i due oggetti che sono in relazione. Inoltre, devono descrivere la forza con cui le dita tendono l'elastico e la forza che la fionda e l'elastico stanno applicando sulle dita.

Durante la realizzazione pratica passo tra gli studenti aiutando coloro che hanno maggiori difficoltà, ma quasi tutti gli studenti riescono a costruire la propria tranquillamente.

Insegnante: "Cosa avete fatto per tirare la pallina di carta?"

G.: *"Abbiamo tirato l'elastico"*

A.: *"Abbiamo applicato una forza sull'elastico"*

Insegnante: "Quindi lo abbiamo…?"

S.: *"Deformato"*

Insegnante: "Ma quando tirate, cosa sentite nel dito?"

G.: *"Io non sento nulla"*

A.: *"No io sento una pressione sul dito"*

M.: *"L'elastico fa resistenza alla nostra forza"*

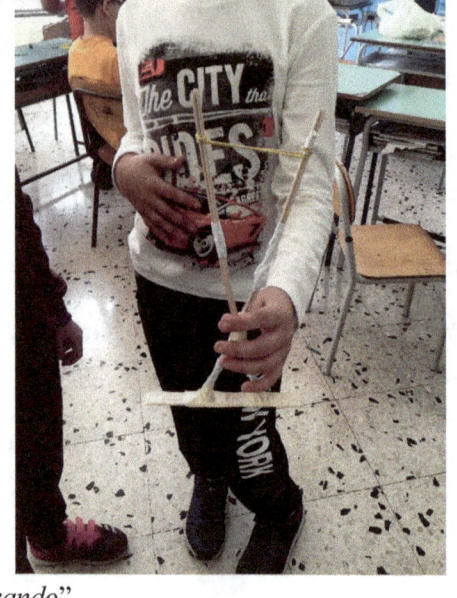

D.: *"Io sento che anche l'elastico sta tirando"*

Insegnante: "Chi altro sente che l'elastico sta tirando?"

Quasi tutti gli alunni alzano la mano.

Insegnante: "Abbiamo usate molte parole, "pressione", "resistenza" e "tirare". Ma qual è quella giusta?"

G.: *"Resistenza perché io lo sento che cerca di non allungarsi"*

G.: *"Io sento che l'elastico fa tipo forza sul dito"*

Insegnante: "Non è tipo G., si tratta proprio di una forza. Sembra un po' strano ma anche l'elastico fa forza sul nostro dito, proprio come noi facciamo forza su di lui! Questa forza secondo voi in che direzione va?"

M.: *"Al contrario rispetto alla nostra, perché vuole resistere!"*

Insegnante: "Esatto, per questo sentiamo questa pressione sul dito. Diciamo che va in direzione opposta"

Invito i bambini a continuare a descrivere le sensazioni provate mentre tirano l'elastico, facendo attenzione per provare a "sentire" la forza che l'elastico applica su di loro. È l'occasione per spiegare che ogni volta che applichiamo una forza su qualcosa o qualcuno, anche quest'ultimo applica una forza su di noi, in direzione opposta ma con la stessa intensità. Gli alunni sembrano non crederci, così ricordo loro l'esempio del bastone sul muro o quando si sono spinti in coppia.

Trascrivo la definizione alla lavagna e invito tutti a rappresentare graficamente l'esperimento, disegnando le forze presenti e ricopiando sotto la frase.

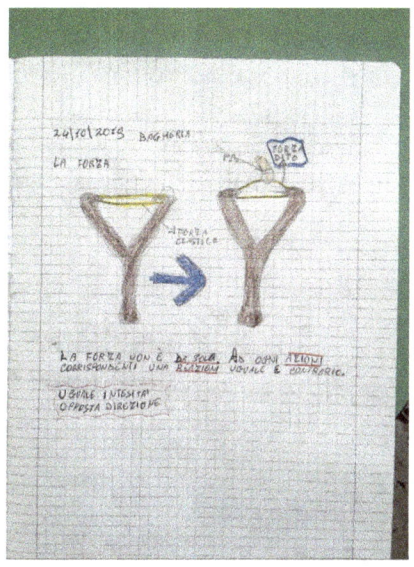

29 ottobre 2019

La lezione è caratterizzata dallo svolgimento di due prove in itinere, per valutare la reale comprensione da parte degli studenti. Inizialmente dunque riprendo tutti gli argomenti di cui abbiamo parlato, li invito ad osservare i disegni nei loro quaderni e le piccole definizioni che abbiamo scritto. In questo modo, li aiuto a ripassare e tramite i loro interventi mi rende conto se essi sono di pari passo con lo svolgimento delle lezioni.

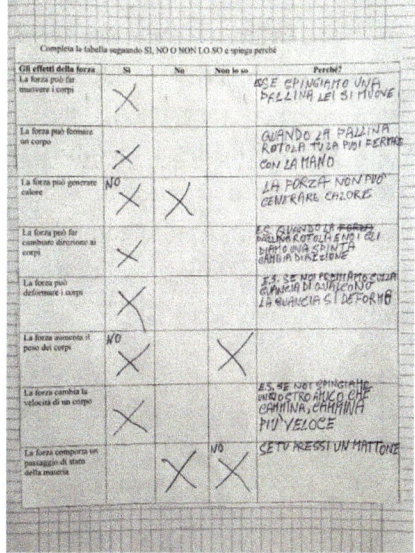

La prima prova in itinere consiste nello svolgimento di una prova scritta a crocette sugli effetti della forza. Gli studenti devono indicare se l'affermazione sia vera o falsa ed indicare perché. Possono anche sbarrare la casella "Non lo so". La prova viene svolta singolarmente ed hanno a disposizione circa 30 minuti ti tempo. Prima di procedere, leggo attentamente la consegna e le varie affermazioni per essere sicura che tutti abbiano compreso.

Successivamente la correzione avviene collettivamente: sono gli stessi alunni che sottolineano e correggono ciò che hanno sbagliato. Uno per volta leggono le risposte date e sono gli stessi compagni a correggersi a vicenda.

La correzione mi consente di comprendere quali dubbi sono ancora presenti: alcuni alunni hanno sbagliato le domande inerenti al peso, alla deformazione dei corpi e al calore.

Le domande errate sul peso derivano da un'errata comprensione dell'esperimento effettuato con le bilance durante la lezione precedente. Un bambino infatti afferma:

S.: "*Ma la forza fa aumentare il peso! Noi l'abbiamo visto con la bilancia, facevamo forza con il bastone sul muro e il peso è aumentato*"

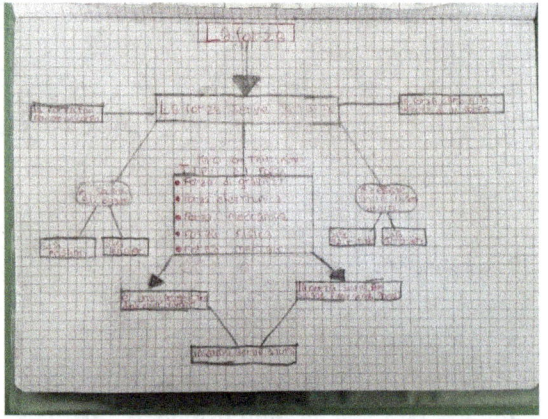

Decido dunque di spiegare nuovamente l'esperimento, essendo infine certa che i dubbi siano stati effettivamente risolti. Per quanto concerne le risposte errate sulla deformazione dei corpi, invito gli stessi alunni a fare alcune prove: provare ad applicare una forza sulle gomme, righelli, portacolori e notare come essi cambiano un po' la loro forma.

La seconda prova in itinere consiste nella realizzazione di una mappa concettuale sugli argomenti trattati. Ogni alunno

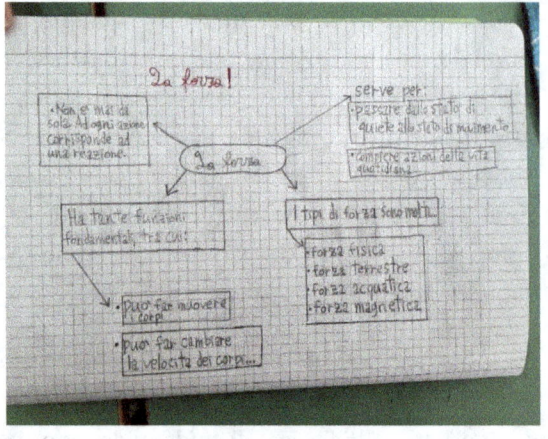

realizza la propria mappa singolarmente e al termine ne fa una breve presentazione alla classe.

4 novembre 2019

La prima attività della giornata è una breve discussione guidata sull'ultima lezione effettuata. In particolare invito gli alunni a parlare di tutti gli esperimenti svolti fino a questo momento. Punto l'attenzione sull'esperimento del cd e del palloncino per riprendere il concetto di attrito e la differenza di un moto in una superfice liscia e ruvida. Gli alunni ricordano dimostrano di ricordare bene e chiedo loro di fare diversi esempi di superfici lisce e ruvide. Al termine mostro il materiale che ho portato in aula: due pezzi di legno, un discetto di plastica, polistirene, una pezza di stoffa, carta velina, cartoncino in gomma. L'esperimento consiste nel poggiare i due legni in modo che il più lungo sia posto in verticale e formi un piccolo "scivolo". Alla sua estremità inferiore vengono posti di volta in volta i diversi materiali sopra elencati (in più anche la superficie della cattedra). Il dischetto viene posto sull'estremità superiore del legno e fatto scivolare su di esso. Congiungo con un foglio di carta lo scivolo con la superficie posta sotto di esso in modo da eliminare l'angolo vivo che si creava tra scivolo e appoggio, per rendere la discesa del dischetto più regolare. Con un cronometro i bambini avranno la possibilità di misurare il punto esatto in cui si ferma il dischetto.

Prima di iniziare però chiedo ai bambini di fare delle ipotesi su quali siano, a loro avviso, le superfici che avrebbero esercitato un maggiore attrito e quindi su quali superfici il dischetto si sarebbe fermato prima e trascriverli nel proprio quaderno, in modo da confrontarli al termine dell'esperimento.

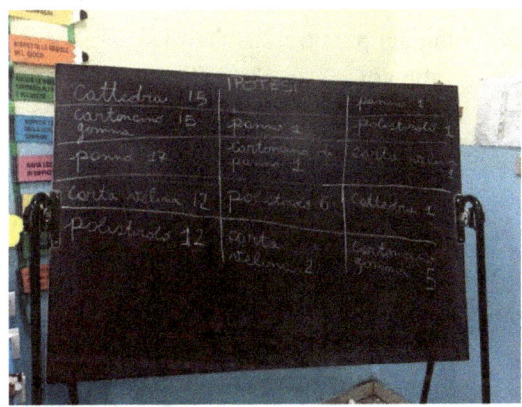

Quasi tutti gli alunni concordano sul fatto che la cattedra sia la superficie con meno attrito. Al secondo posto nella lista la maggior parte dei bambini indica il cartoncino di gomma e successivamente il panno. Nelle ultime due posizioni, a parità di voti, si trovano la carta velina e il polistirene.

S.: *"Ma è ovvio che sul polistirolo si ferma prima perché ci sono i buchetti"*

M.: *"Ma anche la carta è molto ruvida"*

G.: *"E poi la carte si solleva subito e quindi il dischetto si ferma"*

Divido i bambini in gruppi da 4 componenti, composti da maschi e femmine. Ogni gruppo viene chiamato alla cattedra per eseguire l'esperimento: i bambini fanno scivolare il dischetto, osservano il momento in cui si ferma, annotando la distanza in cm dalla fine dello scivolo fino al punto in cui il dischetto si ferma ed annotano le distanze su un foglio. Il dischetto però va fatto scivolare per ben tre volte per poter effettuare la media aritmetica, ed essere così più precisi. Gli alunni però non sanno cosa sia la media aritmetica, così lo spiego e tutti insieme facciamo qualche piccola prova. Tutti riescono poi ad effettuarla senza problemi.

Quasi tutti i gruppi lavorano bene e ogni bambino ha un ruolo: uno fa scivolare il dischetto, uno misura lo spazio con il cronometro, uno fa la media aritmetica e uno controlla tutto annotando il risultato nella tabella. Al termine dunque è possibile verificare se le ipotesi formulate erano corrette o meno, comprendendo quali sono le superfici che esercitano un maggiore attrito sul dischetto di plastica.

Insegnante: "Possiamo subito dire qual è la superfice con più attrito e quale quella con meno attrito vero?"

G.: *"Si! La cattedra e il polistirolo"*

M.: *"Alcune delle ipotesi erano giuste! Io avevo detto che il dischetto scivola di più sulla cattedra e di meno nel polistirolo"*

Insegnante: "Alcune ipotesi invece erano sbagliate! Ad esempio prima avevamo detto che nel panno il dischetto si sarebbe fermato dopo rispetto alla carta velina invece abbiamo visto che è il contrario giusto?"

A.: *"Allora vuol tra il panno e la carta velina chi ha un maggiore attrito?"*

D.: *"Di più la carta velina perché si è fermato dopo il dischetto"*

Insegnante: "Ricordati che dove c'è più attrito significa che è una superficie più ruvida. Qual è la superficie più ruvida tra il panno e la carta velina?"

M.: *"Il panno"*

Insegnante: "Quindi dove ha incontrato più attrito il dischetto?"

D.: *"Nel panno"*

Dopo aver confrontato le verifiche con le ipotesi precedentemente stilate, prova ad identificare una definizione comune della forza di attrito.

Insegnante: "Adesso abbiamo tutti capito la differenza fra superfici lisce e ruvide. Proviamo anche a dare una definizione chiara della forza di attrito"

A.: *"L'attrito si trova nelle superfici ruvide"*

Insegnante: "Anche in quelle lisce in realtà, solo che in quantità minore diciamo"

D.: *"La forza d'attrito ferma prima gli oggetti"*

Insegnante: "Va bene. Quindi per parlare di forza d'attrito dobbiamo guardare solo la superficie o anche il corpo che è a contatto con la superficie?"

A.: *"No, tutti e due!"*

Così facendo, aiuto i bambini a definire l'attrito come quella forza che si esercita tra due corpi quando cercano di muoversi a contatto, dunque una forza che si oppone al movimento di due corpi.

5 novembre 2019

Durante quest'ultimo incontro viene svolta la verifica conclusiva del percorso didattico realizzato. Per tale motivo il riepilogo iniziale che ha scandito l'inizio di ogni lezione, è questa volta particolarmente accurato e preciso, in modo da aiutare gli studenti ed effettuare con loro un breve ripasso di tutti gli argomenti.

Successivamente somministro ad ogni alunno il post-test per il quale hanno a disposizione circa 30/40 minuti. Le domande sono le stesse della prova iniziale: le leggiamo una per una, senza però dare suggerimenti o ulteriori chiarimenti. Sono pochi i bambini che chiedono aiuto durante la verifica. L'alunno con sindrome dello spettro autistico non svolge la verifica, ma realizza una rappresentazione grafica dell'esperimento della fionda, verbalizzandolo successivamente. Infine, un secondo alunno non ha svolto la prova scritta, in quanto in portatore di dislessia e disgrafia. La prova è stata dunque svolta oralmente, sottoponendo le medesime domande.

Al termine, gli alunni sostengono che la prova sia stata semplice: la correggiamo insieme ed effettivamente la maggior parte di essi ha dimostrato di aver compreso le tematiche affrontate. Per ottenere, infine, una valutazione completa si procede con una piccola interrogazione orale. Gli studenti rimangono seduti al proprio posto, e io pongo una o due domande ad ognuno.

Insegnante: "La forza agisce da sola oppure no?"

G: *"La forza è sempre accompagnata da altre forze"*

G.: *"Abbiamo imparato a capire che la forza non è mai da sola, ad ogni azione corrisponde sempre una reazione"*

G: *"Non da sola perché ad ogni azione corrisponde una reazione"*

Insegnante: "Spiega il principio di azione-reazione con degli esempi pratici"

M: *"Tipo se io spingo qualcuno la mia è una azione, quella del mio compagno verso di me è una reazione"*

G: *"Per esempio io spingo verso il muro e il muro spinge verso di me"*

G: *"Se pensiamo alla fionda, noi tirando l'elastico applichiamo una forza, ma anche l'elastico applica una forza sul nostro dito. Quindi, la nostra forza si chiama "azione", invece la forza che applica l'elastico si chiama "reazione"*

Insegnante: "Se siete in macchina insieme alla vostra mamma che sta guidando, siete fermi o in movimento?"

M.: *"Non ci muoviamo"*

D: *"Dipende da chi ci guarda"*

M.: *"Non risponde"*

Insegnante: "L'attrito è una forza che si sviluppa tra due superfici che vengono a contatto. Vero o falso?"

A.: *"Vero!"*

G.: "*Vero, come con il dischetto e le superfici che abbiamo usato*"

Queste sono solo alcune delle domande e relative risposte ottenute dagli studenti che, insieme a tutti gli altri strumenti, mi hanno permesso di realizzare una valutazione il più oggettiva e completa possibile.

12 novembre 2019

L'ultimo incontro è interamente dedicato alla realizzazione delle interviste finale, realizzate in forma singola ad ogni studente. Esse vengono svolte nella piccola stanza utilizzata già per le interviste iniziali. Le domande poste servono a valutare il grado di apprezzamento dell'intervento progettuale e per analizzare le riflessioni degli studenti sulle attività condotte e sul lavoro condotto da bambini e bambine. Ogni intervista dura circa 4-6minuti; gli alunni sono molto tranquilli e raccontano tutte le loro impressioni. Tutti, tranne uno studente, sono entusiasti del progetto svolto.

Infine, concluse le interviste, torno in aula per salutare la classe che mi ha accolta e permesso di realizzare tale esperienza.

4.7 Protocollo di intervista finale

4.7.1 Validazione del protocollo di intervista finale

Per quanto concerne il secondo questionario, sottoposto al termine dell'intervento didattico, nella sua forma iniziale esso era composto da dieci domande suddivise in due aree principali: il gradimento delle attività svolte e percezione delle differenze di genere. L'obiettivo delle prime domande è proprio quello di comprendere le difficoltà incontrate da alunni ed alunne, analizzarne le particolarità e comprendere se effettivamente essi sono più avvantaggiati nel loro studio da una strategia didattica piuttosto che da un'altra. Una delle domande è infatti "Qual è stato l'esperimento che ti è piaciuto di più?". Il quesito è un input che permette agli alunni di spiegare perché quel particolare esperimento è stato gradito.

Le domande relative alla seconda tematica cercano di ottenere informazioni più dettagliate sugli stereotipi di genere; se nel primo questionario si desidera ottenere risposte generali sul pensiero degli alunni, adesso si desidera comprendere a pieno come bambini e bambine vedano lo studio della disciplina scientifica. Ad esempio, alcune domande poste sono: "Chi pensi sia stato il/la più bravo/a tra i tuoi compagni in scienze?" e "Pensi che lo scienziato sia un lavoro più adatto alle femmine o ai maschi?".

Nella validazione di facciata effettuata con il gruppo di alunni delle classi 2° e 5°, le domande non hanno subito alcuna modifica, in quanto esse sono state facilmente comprese e hanno ottenuto risposte chiare. I quesiti strettamente collegati alle attività della progettazione non hanno ovviamente ottenuto risposta dal campione ma hanno altresì dimostrato di comprenderne il significato.

Infine, ho effettuato la validazione di contenuto, proponendo il test alla visione di un esperto in materia. Quest'ultimo mi ha suggerito di aggiungere un'undicesima domanda conclusiva: "Pensi che la fisica sia una materia utile per comprendere la realtà?".

Al termine della validazione dunque il questionario consta di undici domande, per un'intervista di circa 5-7 minuti a studente.

4.7.2 Analisi delle interviste finali classe 2°

La somministrazione del questionario finale agli studenti è una fase molto importante della ricerca condotta, in quanto dall'analisi delle risposte ricevuto sarà possibile successivamente rispondere alla seconda domanda di ricerca.

Tutti gli alunni sostengono di aver apprezzato le attività svolte insieme, tranne due bambini che rispondono in tono titubante in quanto hanno incontrato alcune difficoltà. Essi sostengono di preferire lo studio effettuato tramite l'utilizzo di libri di testo, piuttosto che la realizzazione di esperimenti. Tutti gli altri, invece, vorrebbero continuare ad eseguire attività simili che quelle da me presentate.

Chiedo in particolare agli alunni quale sia stata la lezione e l'esperimento che maggiormente hanno gradito e quale invece quello che è piaciuto di meno. Gli studi condotti in questo settore affermano che tendenzialmente i maschi prediligono attività competitive e le femmine attività in gruppo.

In tale occasione, tutti gli alunni mostrano le medesime preferenze: esperimento del palloncino e il cd e la costruzione della fionda. Durante la lezione ho potuto infatti osservare lo stupore e l'incredulità dei bambini, meravigliati da quanto stavano osservando. Sicuramente queste sono state le attività che più hanno coinvolto la classe.

Per quanto riguarda invece le lezioni meno gradite, i bambini non hanno dubbi: si tratta dalla giornata dedicata alla realizzazione della mappa concettuale e della scheda di completamento. Alcuni però citano anche l'attività delle spinte a coppie e due bambini quella dello scivolo di legno per osservare quale superficie esercitasse più attrito. Proprio quest'ultimo esperimento è stato quello meno gradito dalle bambine, forse perché più "tecnico" e meno accattivamene rispetto agli altri. Due alunne però citano anche la mappa concettuale.

Le attività che meno sono piaciute però non sono sempre ricollegate agli argomenti visti come più complessi per gli studenti. Sia per gli alunni sia per le alunne le difficoltà maggiori sono da riscontrare nella comprensione della direzione della forza e soprattutto nella comprensione della presenza di due forze uguali e contrarie. Rispettivamente due bambini e due bambine sostengono di aver trovato troppo difficile la scheda di completamento e un bambino i disegni che ha realizzato in quanto poco propenso all'attività grafica. Sembra dunque che le difficoltà riscontrare tra gli studenti siano le medesime.

Le successive domande cercano di evidenziare le preferenze degli alunni in merito allo svolgimento degli esperimenti, dunque comprendere se essi preferiscono svolgerli in gruppo, in coppia, da soli, con femmine o con maschi. Dall'età dei bambini e dall' osservazione del gruppo classe, ipotizzo di sentire che quasi tutti preferiranno lavorare in gruppo, rispettivamente i bambini con i maschi e le bambine con le femmine. Effettivamente, la maggior parte degli studenti afferma di preferire lavorare in gruppo, solo uno afferma di voler invece lavorare da solo e uno in coppia. Risposte analoghe sono giunte anche dalle alunne, la cui maggioranza dichiara di aver preferito svolgere gli esperimenti in gruppo; anche in questo caso una bambina afferma di preferire però lavorare in coppia e una da sola.

Inoltre, tutti i maschietti tranne due sostengono di voler stare in gruppo solo con maschi, nella maggior parte dei casi sostenendo che in questo modo si divertono di più. Per le studentesse invece la separazione non è così netta, in quanto una metà afferma di preferire le attività in gruppo in cui siano presente sia i maschi che le femmine.

La successiva domanda si ricollega fortemente ad una posta durante l'intervista iniziale; chiedo loro se pensano di aver svolto un buon lavoro, di essere migliorati o se in qualche modo avrebbero potuto fare di meglio. Durante il primo incontro infatti, avevo chiesto loro se pensassero di essere bravi in scienze; adesso è possibile effettuare un vero e proprio confronto tra le loro aspettative e la realtà, valutando se la percezione delle proprie capacità sia esatta o meno. La maggior parte dei maschietti, nove, afferma di essere stato bravo, essere migliorato in scienze e di aver imparato molte cose. In realtà non tutti questi nove studenti hanno effettivamente realizzato un buon lavoro come hanno descritto, ma in particolare tre di essi si sono spesso distratti e hanno manifestato molte difficoltà. D'altro canto, altri tre alunni sostengono, a ragione, che avrebbero potuto fare di più, essere più attenti e impegnarsi maggiormente. Tra le alunne sono tre coloro che affermano di essere migliorate e aver imparato tantissime cose. Due invece dicono che avrebbero potuto fare di meglio e una sostiene di non essere migliorata. In realtà il giudizio complessivo dato a due di queste alunne è positivo ma esse non sembrano esserne coscienti. Infine, l'ultima studentessa, la quale ha ottenuto la valutazione più alta fra le bambine dice:

G.: "*Si, io un pochino credo di essere stata brava*"

La domanda successiva è molto utile a comprendere la concezione che gli alunni hanno dei compagni; chiedo chi sia stato, secondo loro, il/la compagno/a più brava in questo progetto di scienze. Al termine del percorso posso affermare che tre sono gli studenti che maggiormente hanno svolto un ottimo lavoro; due maschietti e una femminuccia, dunque ipotizzo che questi saranno i nomi più citati. Cinque alunni affermano che tutti sono stati bravi e non hanno notato un compagno più bravo di un altro ma altri cinque nominano invece lo stesso alunno. Quest'ultimo ha sicuramente svolto un buon lavoro; nessuno ha però fatto il nome dell'altro bambino (colui che inoltre ha ottenuto il giudizio migliore al termine dell'intervento) e della bambina. Probabilmente il maschietto non è stato "notato" da nessuno in quanto si tratta di un alunno timido, che non predilige mettersi in alcun modo in mostra. Tra le bambine invece la maggioranza non crede che ci sia un compagno più bravo di un altro, ma che tutti sono stati bravi. Solo due alunne dicono il nome di un alunno e una delle due prova a spiegare la sua motivazione in questo modo:

C.: "*Forse M. è il più bravo perché la maestra gli dice sempre "bravo"*"

La penultima domanda è forse quella che più di tutte le altre permette di ascoltare e comprendere quello che gli alunni pensano in merito alla fisica e alla differenza di genere, dunque da tali risposte è possibile poi affermare che se già in bambini di classe seconda sia già presente in modo evidente lo stereotipo di genere. Il quesito è il seguente: "Pensi che lo scienziato o il fisico sia più un lavoro da maschio o da femmina?".

Sono ben dieci gli alunni che affermano che si tratti di un lavoro più adatto agli uomini; solo in due rispondono di non saperlo. Le motivazioni date sono diverse.

F.: "*È un lavoro da maschi, perché hanno più segreti*"

R.: "*È un lavoro da maschio, perché sono abituati a lavorare*"

R.: "*È un lavoro da maschi perché sono più bravi*"

A.: "*È un lavoro da maschi perché vedo che gli scienziati sono sempre maschi*"

G.: "*È un lavoro da maschio, perché se esplode qualcosa le femmine si arrabbiano perché vogliono essere eleganti*"

A.: "*È un lavoro da maschio, perché ci sono cose pericolose come le pozioni*"

Anche la maggior parte delle bambine evidenziano una diversità di genere nel lavoro dello scienziato. Due alunne affermano che sia un mestiere adatto ad entrambi i generi, al contrario altre quattro indicano sia più adatto agli uomini e solo una alle donne.

C.: "*È un lavoro da femmina perché io sono femmina*"

G.: "*È un lavoro da maschio perché sono più bravi a costruire le cose*"

La motivazione che più viene ripetuta dagli studenti è comunque quella che riguarda la visione di film o cartoni in cui tale ruolo viene spesso o quasi completamente svolto da uomini. Alcuni invece affermano di non saper spiegare perché sia più adatto ad un genere rispetto ad un altro.

Infine, con l'ultima domanda chiedo ai bambini a cosa serve la fisica secondo loro.

Inizialmente gli alunni manifestano difficoltà nel rispondere a questa domanda, rispondendo tendenzialmente "Non lo so". Provo dunque a farli riflettere, pensare a cosa si occupano gli scienziati, a cosa studiano in classe etc. Le risposte ottenute sono più o meno similari tra maschi e femmine; la maggior parte sostiene che serve a studiare la natura, a creare pozioni e fare esperimenti. Dopo averli ascoltati, provo dunque a chiedere se sia possibile che la fisica studi la realtà e il mondo circostante; tutte le alunne affermano che sia così, mentre cinque alunni sostengono sia falso.

4.7.3 Analisi delle interviste finali classe 5°

L'intervista finale condotta con gli studenti l'ultimo giorno è un momento fondamentale per la comprensione delle riflessioni degli alunni in merito alle differenze di genere e alla loro percezione della disciplina scientifica.

Tutti gli alunni, tranne uno, affermano di avere gradito molto le lezioni condotte e affermano di voler continuare ad eseguire altri esperimenti. Molti sostengono infatti che queste lezioni sono state molto più interessanti rispetto allo studio tradizionale condotto con il libro di testo.

La successiva domanda chiede quale sia stata la lezione e l'esperimento più gradito. Gli alunni danno risposte diverse e non c'è una maggioranza netta per una specifica attività. Gli esperimenti non citati da nessuno studente sono quelli sulla misurazione del tempo e dello spazio del moto della pallina e della realizzazione della mappa concettuale. In modo vario, alcuni hanno preferito l'esperimento del cd, altri quello con la bilancia, altri ancora quello della bilancia, quello del dischetto, o la costruzione della fionda e il gioco a coppie di spingersi a vicenda. Per le alunne la situazione non si discosta molto; esse nominano diversi esperimenti, tra cui la costruzione della fionda, la corsa in palestra, l'esperimento della bilancia. Tre alunne su sette sostengono di aver preferito in particolar modo l'attività in cui a coppie si sono spinte a vicenda.

Tra le attività che invece meno hanno gradito si notano posizioni più chiare. Per i maschietti si tratta in particolare del gioco del tiro alla fune, della realizzazione della mappa concettuale e dell'esperimento sul moto della pallina. Tali risposate erano attendibili: la produzione della mappa concettuale è un'attività non pratica che dunque non ha incuriosito molto gli studenti e il moto della pallina, in confronto agli esperimenti, non è stato altrettanto accattivante per gli alunni. Infine, l'esperimento del tiro alla corda è stato segnato dal piccolo incidente di un alunno, dunque esercita un cattivo ricordo. Due bambine invece non hanno gradito particolarmente l'attività della costruzione della fionda altre due la realizzazione della mappa concettuale e delle spinte a coppie.

La successiva domanda chiede invece quale siano stati gli argomenti o i singoli esperimenti, in cui gli alunni hanno riscontrato maggiori difficoltà. Per gli studenti le maggiori difficoltà sono state riscontrate nella differenza tra la massa e il peso e in generale nelle conversazioni sulla forza, sui suoi effetti e la direzione. Nessuno tra gli alunni ha invece trovato alcuna difficoltà nel comprendere l'attrito. Le alunne hanno invece incontrato più difficoltà nella comprensione del principio azione-reazione, nella differenza tra massa e peso e nella forza di attrito.

Più che notare differenze nella preferenza di alcune attività rispetto ad altre dunque, si può analizzare una differenza nelle difficoltà incontrate dagli alunni. Oltre al concetto di massa e peso, il quale è risultato astruso per la maggior parte della classe, gli studenti hanno incontrato maggiori difficoltà nella comprensione degli effetti e della direzione della forza, tematica affrontata molto verbalmente ed anche attraverso alcuni esempi pratici. Le studentesse invece hanno incontrato maggiori difficoltà in quegli argomenti che sono stati affrontati quasi completamente dal punto di vista pratico (principio azione-reazione e forza di attrito).

Per quanto concerne la preferenza dello svolgimento dei lavori in gruppo, in coppia o da soli, mi aspettavo di notare una spiccata maggioranza di alunne che sostenessero la predilezione per il gruppo, mentre per i maschietti dei risultati più misti. Su un totale di quattordici alunni, nove hanno affermato di aver preferito le attività di gruppo, tre in coppia e due da soli. Le alunne invece sono divide a metà tra il gruppo e la coppia. Immediatamente dopo chiedo loro se, nei lavori di gruppo, preferiscono lavorare con maschi, femmine o tutti e due. La separazione tra i due generi nelle attività scolastiche a questa età dovrebbe essere minore, in quanto gli alunni ogni giorno da anni condividono insieme spazio e tempi. Solo quattro alunni affermano di voler svolgere le attività da soli, tutti gli altri invece preferiscono in gruppo. Tra le alunne invece nessuna afferma di voler lavorare da sola, ma tutte citano attività in gruppo o in coppia.

La successiva domanda si ricollega fortemente ad una posta durante l'intervista iniziale, durante la quale avevo chiesto agli alunni di descrivere le loro capacità in scienze e le aspettative che nutrivano nei confronti del percorso che stavamo iniziando. Al termine dell'intervento chiedo dunque se pensano di aver svolto un buon lavoro, se sono migliorati o potevano impegnarsi di più. Tale quesito viene posto soprattutto per comprendere se, come sostengono gli studi in questo campo, le femmine nutrono effettivamente un'autostima minore rispetto ai maschi. Tra quest'ultimi cinque sono molto soddisfatti dei risultati raggiunti, sostengono di aver imparato molte cose ed essersi impegnati. Sufficientemente soddisfatti, affermano infatti di essere un po' migliorati, quattro alunni. Eppure tre di essi sono proprio studenti che non hanno ottenuti un riscontro totalmente positivo, che a volte si sono distratti non prestando la dovuta attenzione. Infine, quattro alunni comprendono di non essersi impegnati al massimo delle proprie capacità e sostengono apertamente che avrebbero dovuto studiare di più. Tra le alunne sono pienamente soddisfatte del proprio percorso, le altre sostengono di essere sì un po' migliorate, ma potevano comunque fare di meglio. Infine, la studentessa che in particolare ha riscontrato maggiori difficoltà ha dimostrato di esserne consapevole.

La successiva domanda chiede agli alunni di dire chi sia secondo loro, il/la compagna più bravo/a in scienze e in particolare nel corso delle specifiche lezioni passate insieme. Tra gli studenti che maggiormente sono intervenuti e hanno dimostrato buone attitudine e capacità spiccano tre alunni e un'alunna, dunque le mie previsioni oscillavano fra questi nomi. Molti alunni rispondono che non c'è stato un compagno in particolare, ma che tutti sono stati bravi. Indistintamente da maschi e femmine, nessuno degli altri alunni nomina la bambina ma citano tutti tre alunni in particolare. È molto interessante analizzare questi tre nomi, poiché ad essi sono legati motivazioni differenti. Il primo è l'alunno che nella valutazione finale ha effettivamente ottenuto il voto migliore; egli però è intervenuto molto meno di altri durante le lezioni, anzi spesso ha ricevuto piccoli rimproveri perché distratto. Gli alunni hanno però nominato lui perché è generalmente considerato il più bravo dalle maestre. Il secondo alunno è invece un bambino che fin nell'interrogazione finale ha mostrato di avere ancora alcuni dubbi; egli però ha svolto correttamente la prova intermedia dunque questo ci fa comprendere quanto gli alunni colleghino la bravura in una determinata disciplina solo in base al voto. Infine il terzo alunno ha oggettivamente raggiunto dei buoni risultati, ma solo due bambini hanno affermato fosse lui il più bravo. Rimane presente il dato che afferma che nessun alunno ha notato il livello di partecipazione e di nozioni apprese dalla bambina sopra citata.

Con la penultima domanda si conclude il ciclo di quesiti dedicati alla percezione della differenza di genere. Si tratta probabilmente della domanda più diretta che consente di comprendere il pensiero degli studenti: "Pensi che lo scienziato sia più un lavoro da maschi o da femmine?". Arrivati a questo punto del loro percorso accademico, immagino che gli alunni abbiano avuto modo di operare delle riflessioni insieme ai loro insegnanti sulla parità tra uomo e donna, dunque ipotizzo che tutti i bambini suppongano che lo scienziato non sia un mestiere adatto unicamente ad un genere.

Tra gli alunni la metà rispondono che è assolutamente indifferente, sia uomini che donne possono svolgere questo lavoro. Sono ben sette i bambini che invece credono che sia più indicato per un solo genere. In particolare due di essi pensano sia più adatto alle femmine.

M.: "*È un lavoro da femmine perché è difficile e loro studiano tanto*"

Tutti gli altri sono invece dell'idea che il ruolo dello scienziato, o più nel dettaglio del fisico, sia da attribuire agli uomini. È utile analizzare a fondo le loro affermazioni.

G.: "*È un lavoro da maschi perché sanno fare più cose*"

S.: "*Più adatto ai maschi perché le femmine di solito fanno lavori più semplici*"

G.: "*È un lavoro da maschio perché lo vedo sempre fare ai maschi in tv*"

T.: "*È un lavoro da maschi perché riescono a fare meglio gli esperimenti*"

G.: "*Più un lavoro da maschio perché la maggior parte degli scienziati sono maschi*"

Tra le alunne invece, tutte sostengono che sia indifferente il genere, tranne una bambina che afferma sia più adatto ai maschi proprio perché lo vede fare sempre a loro.

Infine, con l'ultima domanda chiedo ai bambini a cosa serve la fisica secondo loro. Inizialmente essi rispondono riprendendo gli argomenti trattati a scuola, ad esempio sostenendo che essa serva a studiare il corpo umano e la cellula. Chiedo quindi di riflettere maggiormente sugli argomenti che abbiamo affrontato insieme e pensando a come essi si possano collegare con la vita quotidiana. La maggior parte degli alunni concorda sul fatto che la fisica sia utile per conoscere la realtà. In particolare alcuni alunni affermano:

G.: "*La fisica serve per fare gli esperimenti, vedere i risultati, così sappiamo cosa succede*"

A.: "*Serve a conoscere noi stesse e perché succedono le cose ogni giorno*"

S.: "*La fisica serve per fare tutte le cose*"

D.: "*La fisica serve per capire cosa succede*"

Anche le alunne concordano sull'utilità della fisica nella comprensione dei fenomeni e del mondo, ma aggiungono anche altri dettagli.

G.: "*Serve a studiare il nostro corpo e quello che possiamo fare*"

M.: *"Serve a conoscere meglio il mondo e come siamo fatti"*

E.: *"Penso che la fisica serva a capire come sono fatte le cose che usiamo"*

4.8 Il post-test

4.8.1 Risultati classe 2°

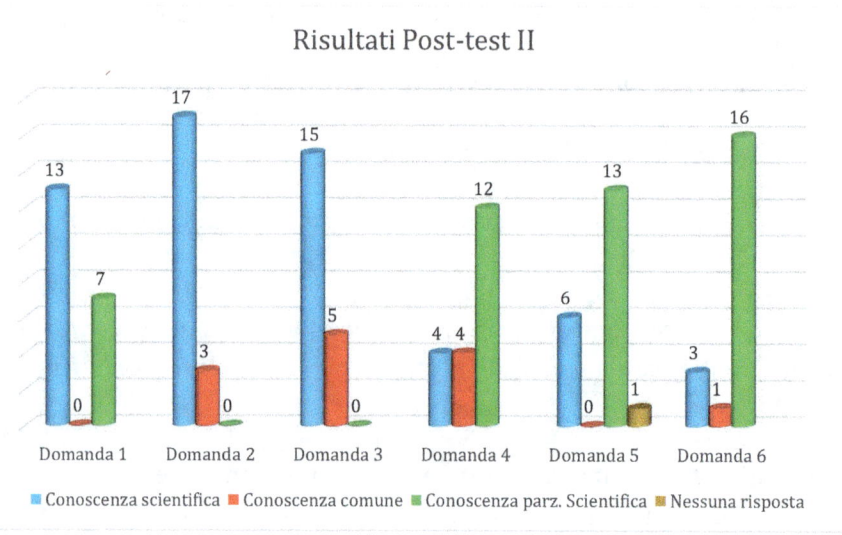

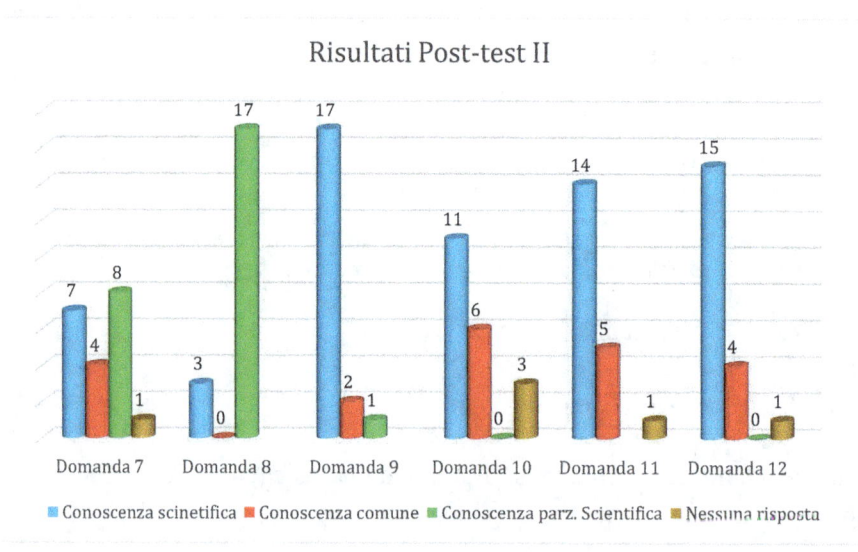

Il quadro generale emergente al termine del percorso didattico è essenzialmente positivo. Sette quesiti su dodici ottengono un numero elevato di risposte classificate come "conoscenza scientifica"; si tratta delle domande inerenti al significato dei termini "quiete", "corpo", la massa e l'attrito. Le domande sulle definizioni generali della forza invece registrano un numero più elevato di risposte parzialmente corrette. Sono cinque gli alunni che più di tutti hanno mostrato difficoltà nel corso delle lezioni e le hanno dimostrate al contempo nella verifica conclusiva.

La domanda 1 richiede una risposta multipla, in cui gli alunni devono indicare il significato del termine "corpo". Più della metà della classe risponde in modo scientificamente corretto, ma sono bene sette gli alunni che invece non hanno compreso a pieno. Tra le domande a risposta multipla, questa è quella con più risposte non esatte. Ciò può indicare una difficoltà intrinseca negli studenti, in quanto tale definizione si allontana fortemente da quella appresa nel linguaggio comune, e di conseguenza la necessità di chiarire con maggiori discussioni e attività in classe tale termine.

La domanda 2 riguarda il significato nel linguaggio scientifico del termine "quiete"; in questo caso appare evidente che quasi la totalità degli studenti ha compreso a fondo l'argomento; durante le lezioni infatti più volte è stato rimarcato tale significato attraverso molti esempi, favorendo la memorizzazione e l'interiorizzazione degli alunni.

Nella domanda 3 bisogna indicare se l'affermazione "Il tempo e lo spazio sono due grandezze necessarie alla descrizione di un moto" sia vera o falsa. Non si tratta di una conclusione semplice per gli studenti, nonostante gli esperimenti effettuati, poiché non hanno ancora condotto uno studio approfondito su cosa siano effettivamente le grandezze. Nonostante ciò, la maggior parte dei bambini prende proprio spunto dagli esperimenti della pallina e della corsa in palestra e individua la risposta corretta.

La domanda 4 apre le riflessioni sulla forza, sul suo utilizzo, effetti e definizione. Gli alunni devono infatti trascrivere la loro personale definizione di forza; assegno a tali risposte un punteggio che va da 0 a 3, in base alla completezza data. È il caso di un alunno che scrive *"La forza è quella cosa che può cambiare lo stato di quiete e lo stato di moto"*.

Si tratta di un'eccezione però, in quanto la maggior parte dei compagni descrivono la forza come quel qualcosa necessario per spingere i banchi, un compagno, ma anche oggetti leggeri come righelli e portacolori. Non esiste una definizione standard; ogni alunno inserisce delle connotazioni particolari. Alcune tra le risposte degli alunni:

"La forza serve per far muovere le cose o anche le persone"

"La forza serve per muovere gli oggetti pesanti e leggeri e per fare cambiare forma alle cose"

"La forza è quella cosa che usiamo per far muovere le cose e per fermarle"

Sono pochi gli studenti che inseriscono maggiori dettagli, dunque queste risposte vengono considerate come una conoscenza parzialmente scientifica.

La domanda 5 può essere uno spunto di riflessione, in quanto fornisce alcune opzioni tra cui scegliere; gli alunni devono indicare a cosa serve la forza tra le quattro affermazioni presenti. Tre di queste sono esatte; la risposta è considerata corretta solo quando tutte e tre vengono segnate e parzialmente corretta quando ne vengono segnate solo una o due.

La risposta che generalmente non è stata segnata dai bambini è quella che sostiene che la forza possa fermare i corpi. È evidente che tale concezione è astrusa per i bambini, che infatti non la inseriscono quasi mai nelle loro definizioni nella domanda 4. Il concetto di forza è strettamente legato all'idea di movimento, tanto che per loro risulta complesso associarlo all'idea di non moto. Sono tre gli studenti che invece, oltre alle risposte corrette, segnano anche quella errate che afferma: "la forza aumenta il peso dei corpi". Tale domanda era presente anche nella prova intermedia, ma in quella occasione erano molti di più i bambini che avevano risposto in modo errato.

Nella domanda 6 gli alunni realizzano un elenco delle tipologie di forze di cui abbiamo discusso durante le lezioni. La maggior parte delle risposte sono considerate parzialmente corrette in quanto in esse sono state elencate solo poche delle tipologie di cui si è discusso; in particolare gli alunni parlano di "forza fisica", "forza di gravità", "forza dei magneti".

La domanda 7 prevede una risposta aperta in cui descrivere alcune situazioni in cui si applica una forza. La metà degli studenti descrive alcuni tra gli esperimenti condotti:

"Applico una forza quando spingo la pallina"

"Quando gioco a calcio per fare cambiare direzione alla palla"

"Per usare la fionda uso la forza"

Alcune delle risposte sono invece elusive e per tale motivo vengono considerate errate.

"Uso la forza sempre"

La domanda 8 registra il più alto numero di risposto parzialmente corrette; la motivazione è legata al fatto che gli studenti per individuare la risposta devono segnare tre tra le quattro opzioni di scelta. Si tratta dei diversi effetti che la forza può avere su un corpo; l'opzione completamente errata è quella che afferma che la forza causi l'aumento dei corpi. Nonostante quasi nessun alunno segni correttamente tutte le tre opzioni, è importante evidenziare che solo quattro segnano la risposta completamente errata.

Alla domanda 9 quasi l'intera classe risponde correttamente; essa fa riferimento a un'esperienza vissuta in palestra durante una lezione e probabilmente proprio grazie ad essa gli alunni non hanno avuto alcuna difficoltà a comprendere quale corpo tra un Super Santos e un pallone da basket si fermi prima.

La domanda 10 entra ancora di più nel dettaglio dell'argomento massa, chiedendo la differenza con il termine "peso". In questo caso aumenta il numero di bambini che forniscono una risposta basandosi sulla conoscenza comune; durante l'intervista alcuni avevano sostenuto si trattasse dell'argomento più difficile e ciò è risultato evidente.

Le ultime due domande, infine, riguardano l'attrito e il primo principio della dinamica. Il significato del termine è adesso chiaro per quasi tutti gli alunni; hanno compreso che si tratta di una forza e che essa si oppone al movimento dei corpi. Cosa può accadere però al moto di un corpo in assenza di attrito, non è ancora stato assimilato da tutti. Durante l'esperimento del palloncino e del cd tutti gli alunni erano molto attenti, ma si è trattato di una situazione solo in parte simile ad un moto totalmente in assenza di attrito. Questo potrebbe avere causato confusione nei cinque bambini che non hanno dato la risposta esatta.

Il quadro complessivo è positivo; la maggior parte degli alunni ha ottenuti risultati soddisfacenti. In particolare si registrano due studenti che si distinguono come eccellenze nel contesto classe e all'opposto quattro bambini hanno manifestato difficoltà evidenti.

4.8.2 Risultati classe 5°

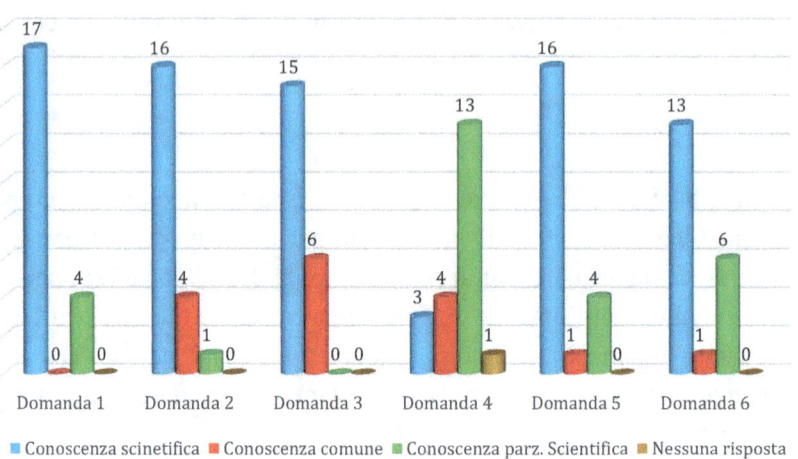

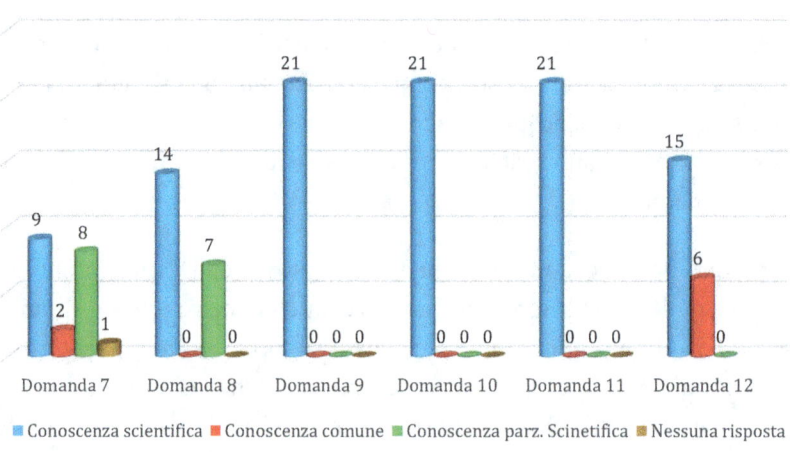

Da una prima lettura dei grafici soprariportati, appare evidente come siano aumentate le risposte legate alla conoscenza scientifica e diminuite drasticamente quelle basate sulla conoscenza comune. D'altra parte sono ancora molte le risposte parzialmente scientifiche. In particolare, i quesiti che hanno registrato un aumento netto di risposte corrette sono quelli riguardanti la massa e il paso, il significato del termine "quiete", l'attrito e la descrizione dell'utilità della forza nella vita quotidiana. I quesiti invece che registrano un tasso più alto di risposte parzialmente corrette sono quelle inerenti la definizione di forza e dei suoi effetti.

La domanda 1 riguarda la definizione, nel linguaggio scientifico, del termine "corpo". Tutte le opzioni presenti che i bambini potevano indicare erano corrette e diciassette di essi lo hanno compreso; i restanti quattro invece hanno indicato la casella contenente soltanto la scritta "Una persona". Queste risposte, sebbene considerate parzialmente corrette, denotano come gli alunni però non hanno compreso il corretto significato del termine.

Nella domanda 2 gli studenti scrivono quella che ritengono essere la definizione di "corpo in stato di quiete". Anche in questo caso la maggior parte degli alunni ha compreso il corretto significato scientifico, coloro che invece hanno dato la risposta errata hanno continuato a confondere il significato del termine utilizzato nel linguaggio comune con quello utilizzato nel linguaggio scientifico. La risposta di un alunno viene considerata parzialmente corretta poiché nella sua definizione egli inserisce entrambi i significati del termine.

La domanda 3 chiede di indicare se l'affermazione seguente sia vera o falsa: "Lo spazio e il tempo sono due grandezze che servono a descrivere il moto di un corpo". In tale quesito sono sei gli alunni che sbagliano; si tratta certamente di un numero elevato rispetto alle altre domande. Probabilmente la difficoltà nasce dal fatto che al termine dell'esperimento sull'argomento non ho fornito una definizione chiara e coincisa da trascrivere nel proprio quaderno, come accaduto spesso al termine delle altre giornate.

La domanda 4 chiede agli studenti di scrivere la definizione di forza; in questo caso aumentano le risposte considerate parzialmente corrette. Risulta complesso individuare una risposta standard e univoca per gli alunni, dunque vengono incluse nella conoscenza scientifica tutte quelle risposte che contengono più informazioni su cosa sia la forza e parziali quelle più generiche che contengono poche informazioni. Nella valutazione finale, ho assegnato da 0 a 3 punti a tale risposta. Tra quelle considerate corrette:

"La forza è qualcosa che ti serve a sollevare, a deformare, a far cambiare direzione, far passare da uno stato di moto a uno stato di quiete, far passare da uno stato di quiete a uno stato di moto un corpo".

Tra le risposte considerate parzialmente corrette:

"La forza è una cosa che serve a tutti nella vita quotidiana, ad esempio serve a spostare gli oggetti, a cambiare la direzione e anche la forma ma c'è anche la forza che ti aiuta a passare un brutto momento cioè la forza interiore".

Le risposte errate invece sono molto evasive e non contengono riferimenti di questo tipo:

"La forza è quello che ci serve per tutto".

La domanda 5 sviluppa ulteriormente la riflessione sulla forza, in quanto chiede "A cosa serve la forza?": gli alunni hanno quattro possibili opzioni da indicare, di cui tre sono corrette. In un certo senso tale quesito riprende la verifica intermedia svolta; gli studenti possono dunque sfruttare le reminiscenze della correzione collettiva avvenuta dopo la prova. Probabilmente per tale motivo, quasi la totalità di essi individua le tre risposte corrette, ad ognuna delle quali viene assegnato un punto. Tre alunni invece segnano solo una o due tra le alternative corrette e infine un alunno segna quella sbagliata.

Nella domanda 6 gli studenti elencano i tipi di forza conosciute; vengono considerate corrette quelle risposte che contengono tutti i tipi di forze di cui abbiamo parlato durante gli incontri e parzialmente corrette quelle che ne contengono solo alcune. Gli studenti elencano tutte le forze di cui abbiamo parlato in aula, anche quelle che sono state unicamente elencate e non spiegate: forza eolica, forza di gravità, forza idrostatica, forza magnetica. Appare però evidente il distacco tra una grande maggioranza di alunni che individuano tali diverse tipologie, e una piccola minoranza, cinque bambini, che riescono ad elencarne appena due o tre.

La domanda 7 richiede una risposta aperta in cui gli alunni devono descrivere una situazione in cui applicano una forza. Anche in questo caso assegno un punteggio da 0 a 3 in base alla completezza della risposta. Non esiste ovviamente una risposta standard corretta per tutti gli studenti; molti hanno descritto parti di esperimenti, in particolare quello della fionda e le spinte eseguite fra coppie di compagni. Solo due risposte vengono considerate errate, in quanto gli alunni hanno eluso la domanda, scrivendo delle brevi definizioni generali, come:

"Usiamo la forza tutti i giorni"

In questi casi, infatti, gli alunni si rifanno a schemi propri della conoscenza comune.

La domanda 8 conclude le riflessioni in merito alle caratteristiche della forza; gli studenti devono indicare, tra le alternative indicate, gli effetti causati dall'applicazione di una forza su un corpo. Tale quesito si ricollega fortemente alla domanda 5, ma in questo caso diminuisce leggermente il numero di risposte corrette; alcuni alunni infatti non hanno indicato la casella con la dicitura "La forza può fermare un corpo". Ciò evidenzia come questo sia una dei concetti legati alla forza che più causa difficoltà dagli studenti.

Le domande 9 e 10 registrano una totalità di risposte corrette da parte dell'intero gruppo classe; esse sono inerenti all'argomento massa/peso. È bene evidenziare che, durante le interviste, molti alunni hanno sostenuto che tale argomento fosse stato per loro il più difficile. Nonostante ciò è evidente che invece essi hanno compreso a fondo la lezione; probabilmente le loro perplessità sono nate dall'esperimento, nient'affatto semplice, e ricollegato anche all'introduzione del terzo principio della dinamica.

Le domanda 11 riguarda la forza di attrito; ancora una volta tutti gli alunni sono concordi nel confermare che essa è una forza che si oppone al movimento. Tale unanimità nel conferire la risposta corretta dimostra che non sussistono dubbi. Al contrario però, qualora la forza d'attrito venga collegata al primo principio della dinamica, si notano alcune difficoltà. La domanda 12, infatti, chiede cosa accadrebbe ad un corpo se esso si muovesse in una superficie priva di attrito. Tale situazione è lontana dalla realtà degli studenti e probabilmente è proprio questa condizione a far emergere alcuni dubbi nei sei studenti che hanno fornito risposte legate alla conoscenza comune.

Da tali verifiche finali emerge certamente un quadro positivo, dove la grande maggioranza degli alunni ha raggiunto ottimi livelli; un piccolo gruppo di circa 4-5 alunni si attesta ad un livello medio, mostrando di aver sì compreso le tematiche generali ma di avere ancora alcune lacune, e infine tre alunni in particolare che evidenziano gravi difficoltà.

4.9 Confronto pre/post test

4.9.1 Classe 2°

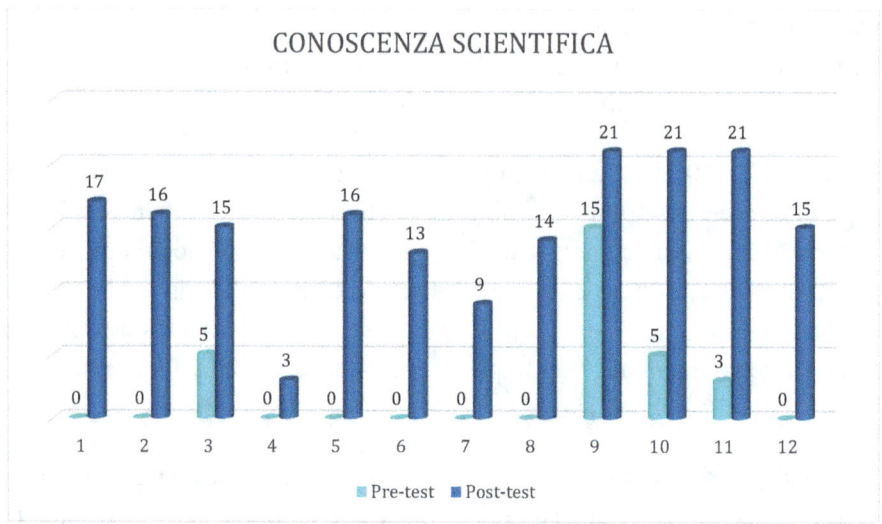

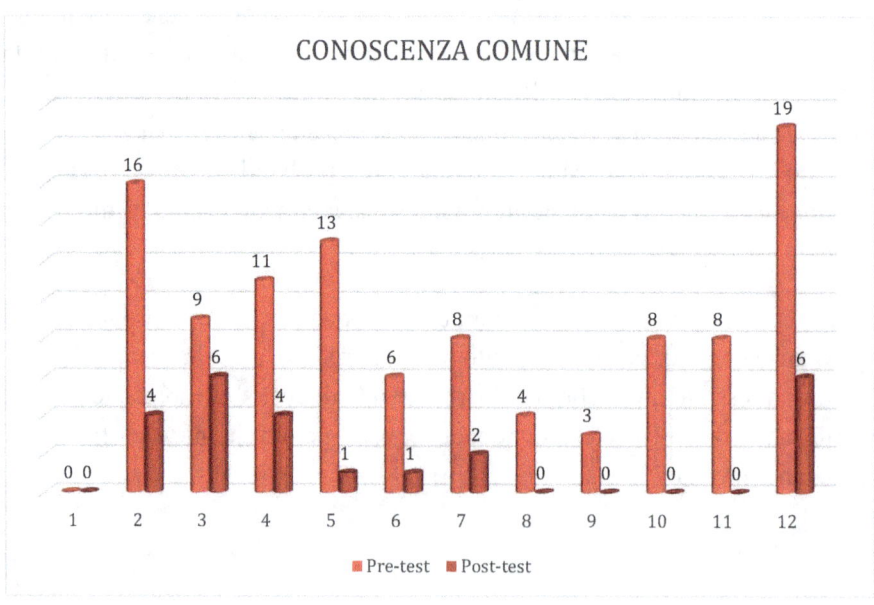

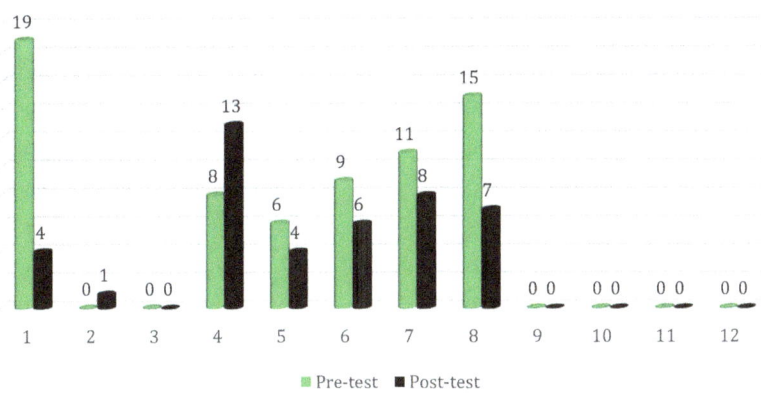

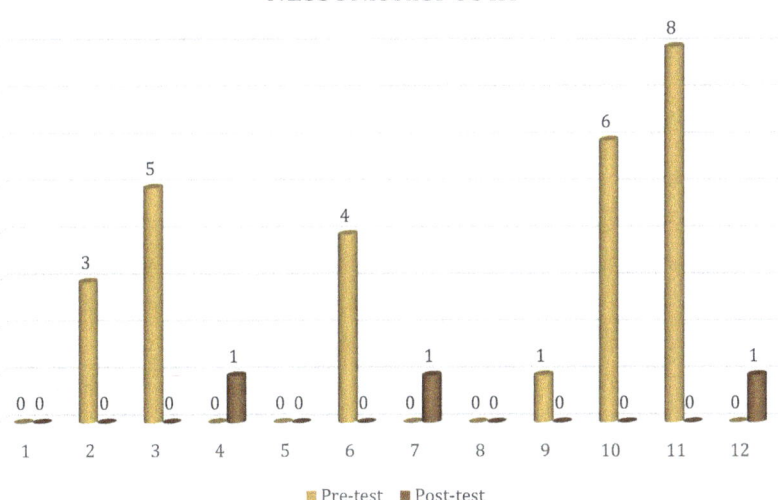

I risultati ottenuti nel pre-test e nel post-test consentono, al termine del percorso didattico, di effettuare un confronto immediato ed osservare i cambiamenti che si sono verificati negli studenti. Una prima analisi superficiale consente immediatamente di affermare che il numero di risposte basate sulla conoscenza scientifica sia decisamente aumentato, al fronte di quelle che basate sulla conoscenza comune, le quali sono diminuite ma non del tutto scomparse. Le domande iniziali e finali sono quelle che registrano un numero maggiore di risposte corrette, mentre le domande centrali sulla forza registrano soprattutto risposte parzialmente scientifiche.

Le prime due domande si ricollegano alla distinzione tra linguaggio comune e linguaggio scientifico, differenza di cui gli alunni non erano a conoscenza. Gli studenti erano a conoscenza del significato dei due termini nel linguaggio comune e si sono basati su esso per rispondere ma in modo errato. Nel caso della prima domanda, dunque del significato del termine "corpo", le risposte corrette passano da 0 a 13 ma sette alunni rimangono legati alla concezione del linguaggio comune. Ciò non accade con il termine "quiete", dove solo tre studenti rispondono in modo errato; ciò vuol dire che il passaggio dalla conoscenza comune a quella scientifica è stato più semplice ed immediato. Perché? Probabilmente perché è stato possibile fornire un numero di esempi pratici maggiori, necessità costante per studenti di tale età.

La domanda 3, nel post-test ha dimezzato il numero di risposte errate e all'opposto triplicato il numero di quelle corrette. Si tratta di un quesito per nulla semplice e scontato, in cui veniva richiesto agli alunni se lo spazio e il tempo fossero due grandezze necessarie a descrivere il moto di un corpo. È probabile che essi non abbiano compreso a pieno il significato di "grandezza fisica", ma grazie agli esperimenti eseguiti, la quasi totalità della classe riesce ad effettuare una corretta associazione.

Le domande dalla 4 alla 8 si focalizzano sulla forza, chiedendo di descriverne le caratteristiche principali e i suoi effetti sui corpi. Da una prima visione dei grafici, si potrebbe pensare che non sia avvenuto un cambiamento profondo del concetto di forza dall'inizio del percorso didattico, in quanto la maggior parte delle risposte sono ancora parzialmente corrette. In realtà negli alunni è avvenuto un profondo cambiamento che non è misurabile unicamente in giusto o sbagliato. Essi hanno effettivamente cominciato ad osservare e riflettere su molte caratteristiche della forza, integrandole con l'idea che essa sia unicamente uno sforzo della persona causato dallo spostamento di oggetti pesanti. Le loro affermazioni sono molto diversificate e mostrano una consapevolezza inesistente nel pre-test; nonostante ciò in molti studenti appare evidente che tale cambiamento è in divenire, dunque l'idea del fenomeno fisico della forza non è ancora maturata interamente nel complesso.

La domanda 4 chiede appunto di scrivere una definizione di "forza": nel pre-test le definizioni erano molto esigue e scarne, legate all'idea dei muscoli e dello spingere/sollevare qualcosa. Nel post-test esse si allontanano dall'idea della forza come qualcosa di presente nel corpo ma si riferiscono a "quel qualcosa che causa lo spostamento dei corpi sia pesanti che leggeri". In diversi alunni persiste comunque l'idea che la forza serva a spostare e sollevare oggetti, ma aggiungono anche dettagli, come far cambiare la forma ai corpi. Si tratta di un chiaro esempio in cui le conoscenze già possedute non vengono abbandonate, ma integrate.

In molti casi le risposte sono considerate parzialmente corrette perché contengono poche indicazioni, in confronto ad alcune che invece risultato ricche ed esaustive.

La domanda 5 aveva ottenuto nel pre-test un numero elevato di risposte basate sulla conoscenza comune, proprio perché gli alunni avevo indicato tra le possibili scelte l'opzione che afferma che la forza serve unicamente a spostare oggetti pesanti. Nel post-test la maggior parte delle risposte sono parzialmente corrette ma è fondamentale sottolineare che nessun alunno indica più tale affermazione errata.

La domanda 6 chiede di stilare un elenco con le tipologie di forze conosciute. Nel pre-test cinque bambini non avevano completamente risposto; erano presenti inoltre alcune risposte errate frutto di una conoscenza spontanea, come "forza dei muscoli", "forza dentro". Nel post-test tutti gli alunni rispondono, dimostrando una maggiore sicurezza. Anche in questo caso la maggior parte delle risposte sono considerate parzialmente scientifiche non perché siano errate, ma perché l'elenco delle tipologie di forze non è completo rispetto a quello descritto durante le lezioni.

La domanda 7, insieme alla 4, è chiarificatrice del concetto di forza. Rispetto al pre-test, le risposte del post-test sono molto diverse; adesso la maggior parte degli alunni racconta gli esperimenti vissuti in classe per descrivere situazioni in cui applicano una forza. Ciò permette di evidenziare come essi hanno realmente compreso il senso delle esperienze vissute e da esse traggono spunto. Questi collegamenti però non sono propri di tutto il gruppo classe; alcuni bambini manifestano ancora evidenti difficoltà. Le risposte errate sono appunto quelle di coloro che in realtà rispondono senza raccontare alcuna esperienza concreta. Questi sono i casi che evidenziano confusione nello studente, che si è reso conto dell'incompletezza e inadeguità delle sue conoscenze preliminari per rispondere correttamente, ma non è ancora in grado di verbalizzare in modo chiaro le conoscenze di tipo scientifico.

La domanda 8 è a risponda multipla e gli alunni devono segnare le opzioni che indicano a cosa serva la forza. Il confronto fra il pre e il post test può trarre in inganno; sembra infatti che le risposte siano rimaste le medesime. In realtà le opzioni da segnare erano tre, di cui una facilmente individuabile e si tratta proprio di quella che gli alunni hanno indicato nel pre-test. Nel post-test la maggior parte degli alunni ha indicato due delle tre risposte esatte, dimostrando dunque una maggiore consapevolezza rispetto a poche settimane prima, ma non ancora una comprensione totale.

Le domande 9 e 10 riguardano la massa. La domanda 9 in particolare fa riferimento ad un classico episodio della vita quotidiana dei bambini, ovvero il lancio di diverse tipologie di palloni. Durante il pre-test questa si era rivelata essere l'unica domanda a cui la maggior parte degli studenti era stata in grado di rispondere correttamente basandosi solo sulle conoscenze pregresse, in quanto appunto è stato effettuato un chiaro riferimento ad un episodio che quasi tutti i bambini hanno vissuto almeno una volta. Il dato si mantiene positivo anche nel post-test.

La domanda 10 invece è più complessa, in quanto pone la differenza fra massa e peso. È importante sottolineare come gli alunni non abbiano mai studiato il concetto di massa e ciò si evidenzia anche nelle risposte del pre-test, per la maggior parte errate o non date. In realtà, durante le lezioni è stato possibile appurare che anche coloro che hanno dato la risposta corretta in realtà non erano assolutamente in grado di motivare la propria scelta. Dunque non era presente una conoscenza comune a sostenere un'idea dei bambini, ma al contrario regnava una grande confusione. Si è trattato certamente di un argomento complesso, infatti è il quesito che ottiene il numero più alto di risposte errate nel post-test. La comprensione della conoscenza scientifica si è rivelata astrusa probabilmente a causa della già presente confusione.

Le ultime due domande riguardano la forza d'attrito e il primo principio della dinamica.

Nel pre-test, la domanda 11 ha registrato il numero più alto di risposte non date, segno inequivocabile che gli alunni non possedevano alcun tipo di conoscenza in merito. Essi non avevamo mai sentito il termine "attrito"; durante le lezioni è emerso inoltre come fossero coscienti solo a livello inconscio della differenza tra superfici ruvide e lisce e da questo presupposto ha preso avvio la spiegazione della forza di attrito. Nel rispondere alla stessa domanda nel post-test, dunque, hanno fatto riferimento quasi unicamente elle conoscenze scientifiche immagazzinate, le uniche necessarie per rispondere correttamente in tal caso e i risultati ottenuti sono positivi.

Nella domanda 12 viene posto un quesito distante dalla vita quotidiana dei bambini; dalle risposte errate del pre-test emerge che la conoscenza spontanea si rivela essere fuorviante rispetto alla comprensione del fenomeno. Infatti, le esperienze della vita quotidiana favoriscono un'associazione sbagliata, inducendo gli alunni a pensare che il moto di un corpo in assenza di attrito si fermi subito. In questo caso dunque gli studenti devono svolgere un grande sforzo, comprendendo perché non sia possibile osservare nella realtà tale fenomeno. La maggioranza della classe nel post-test individua la risposta corretta; un risultato nient'affatto scontato.

In definitiva dal confronto tra il pre-test e il post-test emerge come più della metà degli studenti, circa 14 su 20, abbiano compreso gli argomenti trattati, riuscendo ad interiorizzare le conoscenze scientifiche. Si tratta di tematiche non certamente semplici per i piccoli alunni e rimane comunque elevato il numero degli alunni, sei circa, che manifestano ancora difficoltà. Anche in quest'ultimi casi, nessuno è rimasto ancorato alle conoscenze pregresse che già possedeva, in quanto viene comunque ampliata l'idea di forza a nuovi contesti, prima sconosciuti.

Sono evidenti i miglioramenti raggiunti dalla maggior parte degli alunni. Dalle loro risposte è possibile affermare che hanno costruito nuovi schemi mentali sui fenomeni fisici, partendo dalle loro conoscenze pregresse e di conseguenza da esperienze di vita; su tale scia sono stati eseguiti esperimenti pratici in una continua mescolanza e integrazione fra ciò che i bambini apprendono a scuola e le esperienze che vivono al di fuori di tali mura.

4.9.2 Classe 5°

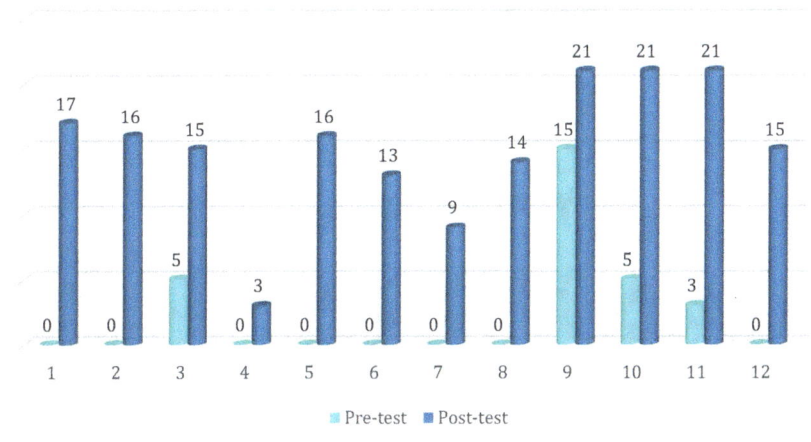

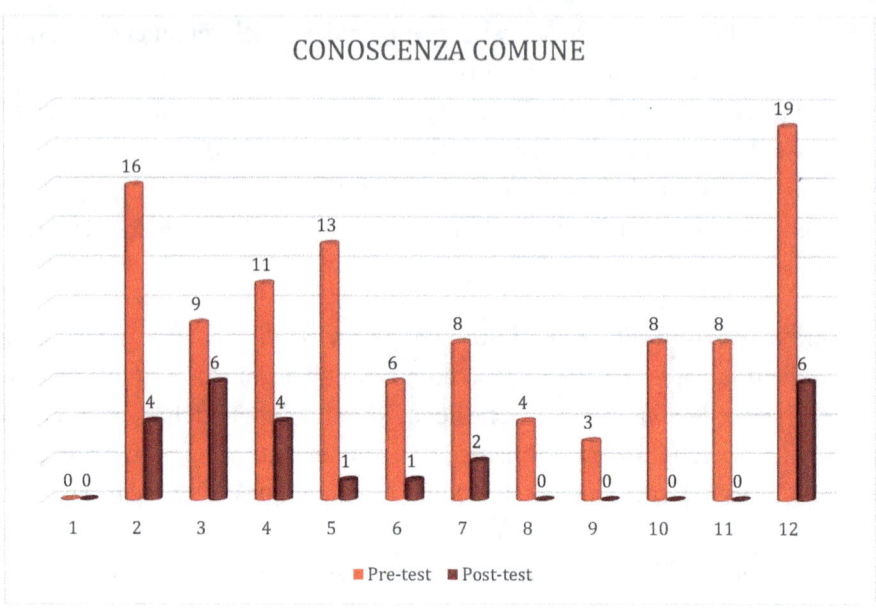

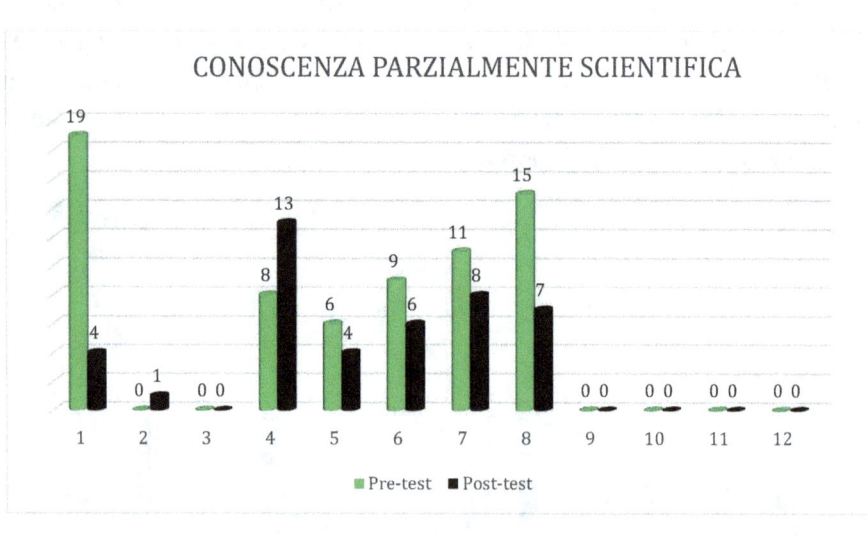

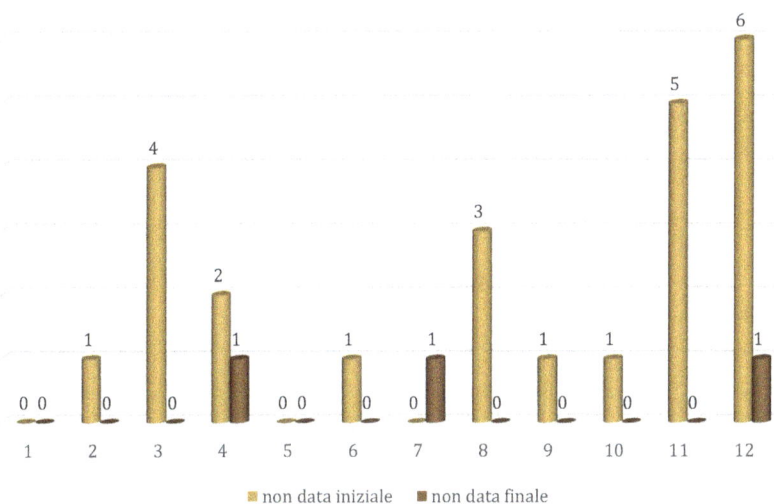

Il pre-test e il post-test consentono un'analisi approfondita dei cambiamenti verificatosi negli studenti. Da un primo sguardo ai grafici si nota un andamento molto diversificato delle risposte. È utile ricordare che il pre-test ha avuto il merito di far emergere le conoscenze comuni negli alunni, evidenziando come quest'ultime non fossero adatte alla comprensione dei fenomeni fisici. Gli alunni possiedono dunque conoscenze preliminari di quasi tutti gli argomenti trattati ad eccezione dell'attrito; esse sono ben radicate e ciò che adesso si desidera analizzare è il modo in cui le conoscenze scientifiche sono state integrate con esse nella costruzione di nuovi schemi mentali.

La linea generale che si osserva nei grafici è che le conoscenze parzialmente scientifiche nel pre-test tendono a diventare scientifiche nel post-test, mentre le conoscenze comuni nel pre-test tendono a diventare scientifiche in alcune domande e parzialmente scientifiche in altre.

Nella domanda 1 circa l'80% delle risposte prima parzialmente corrette diventano corrette nel post-test. Si tratta della definizione del termine "corpo" nel linguaggio scientifico; la conoscenza comune si era rivelata inesatta e lontana ma appare evidente come gli alunni hanno facilmente compreso e integrato i due significati.

La domanda 2 segue lo stesso iter della precedente in quanto anche in questo caso si focalizza sul significato di un termine nel linguaggio scientifico: "quiete". Sedici studenti rispondono correttamente; quattro invece rimangono legati al significato del linguaggio quotidiano. Emblematico il caso di un alunno che sostiene che il termine abbia in sé entrambi i significati di fermo e tranquillo; è evidente che il problema in questo caso risiede nel concetto di differenza tra linguaggio comune e scientifico.

A differenza delle precedenti, la domanda 3 già nel pre-test aveva ottenuto nove risposte corrette; allo stesso tempo erano presenti quattro alunni che non hanno completamente risposto, numero che diventa 0 nel post-test. L'argomento spazio/tempo non era estraneo agli alunni che proprio per questo motivo erano stati in grado di rispondere correttamente; più che di conoscenza comune in questo sarebbe più opportuno parlare di reminiscenze di argomenti già trattati a scuola. Al termine del percorso quindici studenti hanno individuato la risposta esatta. Il numero di risposte basate sulla conoscenza comune però rimane molto simile in entrambi i test: 8 inizialmente e 6 al termine. Ciò può essere dovuto al fatto che l'esperimento non ha promosso una riflessione adatta o alla mancanza di una ripresa di tale argomento nelle lezioni successive, durante le quali ci si è concentrati maggiormente sulla forza.

Il fulcro del percorso didattico è infatti la forza; essa era inizialmente vista come quel qualcosa che consente di causare il moto di corpi pesanti. Attraverso lo studio effettuato tale convinzione è stata confutata e rielaborata; tutti gli studenti hanno compreso che la forza causa il moto di tutti i corpi, siano essi pesanti o leggeri. La domanda 4 chiedeva proprio di dare una definizione di "forza". Nel pre-test sono emerse le conoscenze spontanee degli alunni, prive di consapevolezza, elusive e generiche. Ad esempio:

"La forza è quella che hai dentro"; *"Quando usi i muscoli"*; *"E' un talento che ognuno di noi ha"*; *"La forza è quando sforzi un muscolo o sollevi una cosa pesante"*.

Nel post-test appare evidente come tale definizione sia stata ampliata, contenendo adesso diverse caratteristiche in più. La forza non è unicamente legata all'idea del muscolo; al contrario molti studenti sottolineano come essa serva anche a muovere oggetti leggeri. Gli alunni hanno avuto modo di osservare e riflettere sul fatto che la forza possa deformare, causare lo stato di quiete e di moto di un corpo, far cambiare direzione ad un corpo; tutte queste informazioni adesso compaiono nella maggior parte delle definizioni. Nonostante ciò, sono presenti studenti che, sebbene abbiano ampliato le proprie definizioni rispetto a quanto trascritto nel pre-test, non sono ancora in grado di includere tutte le informazioni sopracitate.

La domanda 5 è un esempio calzante; attraverso quattro opzioni viene richiesto agli alunni di segnare quelle che indicano a cosa serva effettivamente la forza. Nel pre-test la quasi totalità di risposte era stata parzialmente corretta a dimostrazione del fatto che il concetto di forza è presente nei bambini; nel post-test si passa da 0 risposte scientifiche a ben sedici. Il risultato è notevole; essi infatti individuano le risposte corrette anche se in moti casi non sono in grado di utilizzare tali input nelle risposte aperte.

La domanda 6 chiede di elencare le tipologie di forze conosciute. Il numero di risposte parzialmente corrette è rimasto molto simile; ciò è dovuto al fatto che sia nel pre-test che nel post-test gli alunni hanno indicato poche tipologie di forze. Nel pre-test però esse erano unicamente la forza fisica/muscolare e la forza mentale; nel post-test invece vengono elencate altre tipologie (forza di gravità, forza d'attrito) ma non l'intera lista di cui si è parlato durante le lezioni. Dall'analisi del post-test risulta evidente che una concezione derivante dalla conoscenza comune è rimasta inalterata in molti bambini: la distinzione tra forza fisica e forza mentale. Probabilmente, anche in questo caso, sarebbe opportuno promuovere una riflessione sulla differenza tra il linguaggio scientifico e il linguaggio metaforico.

La domanda 7 richiede di descrivere alcune situazioni in cui viene applicata una forza. In questo caso il confronto fra le risposte del pre e del post test è più che mai proficuo, in quanto mostra la sostanziale differenza tra le affermazioni dei bambini. Nel primo caso, esse erano molto generiche e legate allo spostamento di oggetti pesanti, alla riuscita positiva di attività sportive e/o scolastiche. È il caso degli studenti che dichiaravano di essere forti a calcio, in matematica o alla playstation, dando alla forza l'accezione comune di "bravo". Nel post-test le risposte sono diametralmente opposte; gli alunni hanno abbandonato quest'ultimo tipo di affermazioni, al contrario descrivono molti degli esperimenti realizzati in classe. Alcuni sottolineano comunque che utilizzano molta forza quando sollevano un corpo particolarmente pesante ma aggiungono anche che ne utilizzano un po' per il moto di oggetti leggeri.

La domanda 8 aveva ricevuto nel pre-test 10 risposte errate, che diventano zero nel post-test. Nonostante ciò rimangono elevate le risposte parzialmente corrette; questi sette studenti dimostrano di non avere compreso a fondo gli effetti che l'applicazione di una forza può determinare su un corpo.

La domanda 9 aveva già ottenuto moltissime risposte corrette nel pre-test e mantenendo un andamento positivo, esse nel post-test diventano tutte esatte. La facilità degli alunni deriva dal fatto che viene posto loro un quesito che si ricollega facilmente ad un episodio della loro vita quotidiana. Grazie alla conoscenza comune posseduta, gli alunni avevano facilmente compreso quale palla tra un Super Santos e una palla da basket si ferma prima. Nonostante ciò, la riflessione sulla massa però aveva creato dei dubbi nel momento in cui è stato chiesto agli studenti di porla a confronto con il peso. In questo caso, la conoscenza comune non è più stata sufficiente. Attraverso lo studio condotto e gli esperimenti realizzati, tutti gli alunni nel post-test rispondono correttamente alla domanda 10 sulla differenza tra massa e peso, segno inequivocabile che non sussistono più dubbi.

Infine le ultime due domande riguardano la forza d'attrito. Dai risultati nel pre-test solo cinque alunni avevo dato la risposta corretta e durante i successivi brainstorming svolti in aula era emerso che pochissimi bambini erano a conoscenza di tale termine. Piuttosto la conoscenza comune era circoscritta alla consapevolezza che il moto di un corpo si ferma prima in una superficie ruvida, ma gli studenti non erano in grado di comprendere il perché di tale fenomeno né dargli un nome. Lo studio condotto ha portato in questo caso risultati ottimi, in quanto l'intero gruppo classe ha risposto correttamente alla domanda 11 sull'attrito. Conferma ottenuta anche durante le interrogazioni orali realizzate durante il penultimo incontro; nessun alunno ha più alcun dubbio sul fatto che l'attrito sia una forza e che essa si opponga al moto dei corpi.

L'attrito è fortemente legato alla comprensione del primo principio della dinamica; la domanda 12 chiede agli studenti cosa accade ad un corpo che si muove in una superficie priva di attrito. La conoscenza comune in questo caso si era rivelata totalmente inesatta, portando fuori strada gli alunni. Tale convinzione era ben radicata negli studenti; forse a causa di ciò al termine del percorso, sono ancora sei gli alunni che non hanno compreso quale fosse la risposta esatta.

È possibile dunque affermare che in molti casi la conoscenza comune si è rivelata essere un primo spunto da cui partire, principalmente nel caso della definizione di forza, ed essa è stata essenzialmente ampliata, promuovendo la creazione di schemi mentali che includessero in qualche modo anche le conoscenze preliminari già possedute. In altri casi, mi riferiscono ai termini "corpo" e "quiete", la conoscenza comune è stata utilizzata invece come un parametro di confronto con la conoscenza scientifica, mostrando agli studenti le differenze che spesso sussistono tra linguaggio comune e scientifico. Infine, nello studio della forza d'attrito, la conoscenza comune si è rilevata essere esigua e in alcuni casi anche molto fuorviante; in questo caso gli esperimenti e le riflessioni condotte hanno promosso la scoperta in modalità ex-novo di un fenomeno sconosciuto alla maggior parte degli alunni: il moto di un corpo in assenza di attrito.

4.10 Dalla conoscenza comune alla conoscenza scientifica

Il confronto effettuato tra il pre-test e il post-test in entrambe le classi ha permesso di effettuare una fotografia positiva del percorso didattico realizzato. Gli alunni hanno in particolare apprezzato molto l'organizzazione delle lezioni. Sebbene esse trattassero di argomenti differenti, la programmazione delle giornate era la medesima, in quanto basato sulla metodologia Inquiry.

All'inizio di ogni incontro è sempre avventa una breve discussione guidata nella quale far emergere le conoscenze pregresse e le idee già in possesso dagli studenti; è la fase nella quale essi cercano informazioni, si pongono domande e in particolar modo sviluppano ipotesi da sottoporre a verifica. Quest'ultime sono state di volta in volta, confrontate o smentite dagli esperimenti realizzati. Al termine, sono stati discussi i risultati ottenuti, cercando di comprendere la spiegazione fisica dei vari fenomeni; è la fase durante la quale gli studenti costruiscono modelli e imparano a comunicare ciò che hanno imparato. Sono fondamentali le domande stimolo poste, che inducono ulteriormente a costruire relazioni con altri concetti e idee attinenti, generalizzando la loro comprensione. Dunque ogni incontro ha dedicato del tempo sia allo studio pratico sia alle riflessioni e verbalizzazioni. La realizzazione dei singoli esperimenti ha poi integrato l'utilizzo di specifiche e particolari strategie didattiche, le quali sono state adottate al fine di rispondere attivamente alle differenze tra gli alunni. Ognuno di essi possiede uno stile di apprendimento e interessi differenti, ma soprattutto la variabile che maggiormente è stata tenuta in considerazione è quella della differenza di genere. Sulla base di tali considerazioni si è definito un percorso didattico che fosse in grado di generare un apprendimento significativo per tutti gli alunni. Quest'ultimi sono divenuti i protagonisti del proprio processo di acquisizione di conoscenze e abilità.

Tale percorso didattico ha dunque determinato il passaggio dalla conoscenza comune a quella scientifica. I dati osservati infatti, dimostrano che nessuno studente è rimasto legato unicamente alle idee che già possedeva all'inizio del percorso; indistintamente tutti hanno ampliato i loro schemi, costruendone altri in cui integrare le nuove conoscenze scientifiche.

Gli alunni si sono allontanati dalle idee derivanti dalla conoscenza comune in base alla quale la forza a significati molteplici, raggruppabili in alcune categorie: 1) forza fisica, legata all'idea dello spostamento di oggetti pesanti, 2) forza muscolare ricollegata all'uomo muscoloso e possente, 3) forza intesa come spiccata bravura nell'esecuzione di una particolare attività, 4) forza interiore intesa come sinonimo di coraggio.

Tutte queste definizioni sono accomunate da un utilizzo linguisticamente errato del termine "forza". Gli alunni non hanno certamente raggiunto una conoscenza scientifica esaustiva su tale argomento ma hanno altresì vissuto un processo di cambiamento che li ha portati a rivalutare gli schemi della conoscenza comune e che progressivamente li sta avvicinando a quelli della conoscenza scientifica, basata su evidenze, ipotesi e verifiche. Uno dei dati forse di maggiore importanza è che essi stessi si sono resi conto della profonda diversità esistente tra la conoscenza comune e la conoscenza scientifica, grazie allo svolgimento del prete test e post.

Al termine del percorso non è solo mutata la definizione acquisita di forza, ma le riflessioni stesse che gli alunni mettono in atto il; essi ragionano sulle cause e sugli effetti della forza, sulla sua direzione e intensità, tutti aspetti propriamente fisici e non legati a schemi della conoscenza comune. Essi, nella spiegazione dei fenomeni, non si riferiscono più ad episodi della vita quotidiana o ad espressioni linguistiche fuorvianti ma alle esperienze vissute durante il percorso didattico; citano i diversi esperimenti effettuati come supporto delle loro descrizioni.

Uno degli aspetti che maggiormente andrebbero ripresi ed attenzionati è la differenza tra il linguaggio comune e quello scientifico; lì si annida la causa di molte difficoltà degli studenti nella comprensione dei termini scientifici utilizzati.

Sotto vengono riportati i punteggi e le valutazioni ottenute dagli alunni delle due classi nel pre-test, nel post-test, nel colloquio orale e nella valutazione complessiva finale.

Analizzando le singole tabelle si nota con facilità come la quasi totalità delle classi abbia ottenuto risultati positivi, come precedentemente sostenuto. È possibile inoltre confrontare i dati delle due tabelle; dai punteggi ottenuti sembra che gli studenti della classe 5° abbiano dimostrato una migliore comprensione dei fenomeni trattati. È pur vero però che si tratta di una differenza non incisiva e che per gli alunni della seconda classe si tratta di argomenti molto complessi che secondo i programmi nazionali affronteranno negli anni successivi. Nonostante dunque la differenza d'età e una possibile maggiore difficoltà gli alunni hanno ottenuto risultati positivi; la concettualizzazione astratta delle tematiche sarebbe risultata decisamente troppo elevata per studenti di 6-7 anni il cui sviluppo cognitivo è pienamente nello stadio operatorio-concreto. In tal senso l'attenzione agli esperimenti pratici è stata fondamentale per favorire il loro apprendimento. Alcuni esperimenti più di altri hanno motivato gli alunni, catturando la loro attenzione; si tratta dell'esperimento della fionda e del cd e il palloncino.

In sintesi, è possibile affermare che l'età non ha rappresentato un elemento incisivo nell'apprendimento degli argomenti trattati; ciò nonostante sono presenti le dovute differenze nel percorso svolto dagli alunni della classe 2° e 5°, come inevitabile che ciò accada. I primi infatti hanno preferito l'approccio maggiormente pratico e ludico, i secondi hanno riscontrato minori difficoltà nei momenti di verbalizzazione comune e concettualizzazione astratta degli esperimenti esperiti.

Valutazione classe 2°

Alunni	Valutazione pre-test	Valutazione post-test	Valutazione colloquio orale	Valutazione complessiva al termine del percorso
Alunno	Punteggio: 3/20	Punteggio: 11,5/20 Voto: 6	6	6
Alunno	Punteggio: 4/20	Punteggio: 17/20 Voto: 9	10	10
Alunno	Punteggio: 6/20	Punteggio: 16/20 Voto: 8	8	8
Alunna	Punteggio:3/20	Punteggio: 16/20 Voto: 8	8	8
Alunno	Punteggio: 5/20	Punteggio: 14/20 Voto: 7	7	7

Alunna	Punteggio: 4/20	Punteggio: 12,5/20 Voto: 6	7	7
Alunno	Punteggio: 2/20	Punteggio: 13/20 Voto: 7	8	8
Alunna	Punteggio: 5/20	Punteggio: 16/20 Voto: 8	8	8
Alunno	Punteggio: 5/20	Punteggio: 16/20 Voto: 8	8	8
Alunna	Punteggio: 2/20	Punteggio: 11/20 Voto: 6	6	6
Alunno	Punteggio: 3/20	Punteggio: 16/20 Voto: 8	9	9
Alunna	Punteggio: 4/20	Punteggio: 13/20 Voto: 7	7	7
Alunno	Punteggio: 3/20	Punteggio: 12,5/20 Voto: 6	6	6
Alunna	Punteggio: 4/20	Punteggio: 14/20 Voto: 7	7	7
Alunna	Punteggio: 5/20	Punteggio: 16,5/20 Voto: 8	7	8

Alunna	Punteggio: 5/20	Punteggio: 17/20 Voto: 8	8	8
Alunno	Punteggio: 4/20	Punteggio: 11,5/20 Voto: 6	6	6
Alunno	Punteggio: 4/20	Punteggio: 10,5/20 Voto: 6	7	6
Alunno	Punteggio: 3/20	Punteggio: 12/20 Voto: 6	6	6

Valutazione classe 5°

Alunni	Valutazione pre-test	Valutazione post-test	Valutazione colloquio orale	Valutazione complessiva al termine del percorso
Alunno	Punteggio: 4/20	Punteggio: 6/20 Voto: 4	Insufficiente	Insufficiente
Alunno	Punteggio: 5/20	Punteggio: 11/20 Voto: 6	6	6
Alunno	Punteggio: 5/20	Punteggio: 14/20 Voto: 7	7	7
Alunno	Punteggio: 5/20	Punteggio: 15/20 Voto: 8	7	8

Alunna	Punteggio: 6/20	Punteggio: 18/20 Voto: 9	9	9
Alunno	Punteggio: 5/20	Punteggio: 14 Voto: 7	8	8
Alunno	Punteggio: 6/20	La verifica è stata svolta oralmente Voto: 6	6	6
Alunna	Punteggio: 7/20	Punteggio: 17/20 Voto: 9	9	9
Alunna	Punteggio: 5/20	Punteggio: 15/20 Voto: 8	8	8
Alunno	Punteggio: 6/20	Punteggio: 14/20 Voto: 7	7	7
Alunna	Punteggio: 6/20	Punteggio: 17/20 Voto: 9	7	8
Alunna	Punteggio: 5/20	Punteggio: 14/20 Voto: 7	7	7
Alunno	Punteggio: 7/20	Punteggio: 17/20 Voto: 9	8	9
Alunno	Punteggio: 5/20	Punteggio: 13/20 Voto: 7	8	8

Alunno	Punteggio: 5/20	Punteggio: 18/20 Voto: 9	10	10
Alunno	Punteggio: 7/20	Punteggio: 19/20 Voto: 10	10	10
Alunna	Punteggio: 4/20	Punteggio: 12/20 Voto: 6	6 ½	6
Alunno	Punteggio: 6/20	Punteggio: 15/20 Voto: 8	6 ½	7
Alunna	Punteggio: 6/20	Punteggio: 15/20 Voto: 8	7	8
Alunno	Punteggio: 6/20	Punteggio: 18/20 Voto: 9	9	9
Alunno	Punteggio: 4/20	Punteggio: 10/20 Voto: 5	6	6

4.11 Le differenze di genere nella didattica della fisica

L'analisi delle risposte ottenute dalle interviste mostra un quadro molto chiaro.

Le domande finalizzate alla conoscenza dei bambini e delle loro abitudini hanno fin da subito permesso di evidenziare le piccole caratteristiche stereotipate presenti già negli studenti. A partire dai loro giochi preferiti, continuando con le piccole attività domestiche fino al sogno del futuro mestiere da compiere, gli alunni mostrano continuamente una visione standardizzata che trova conferma nella descrizione che essi stessi compiono dei rispettivi compagni. I risultati variano solo in minima parte tra gli alunni delle due classi determinando una visione comunque stereotipata per gli alunni sia di 2° sia di 5°.

Essi sostengono l'esistenza di determinate caratteristiche proprie di un singolo genere, ciò significa che i bambini prendono coscienza della diversità tra maschio e femmine fin dalla più tenera età e che essa viene standardizzata in categorie ben rigide. È evidente che non viene proposta loro una visione nella quale i due generi possono condividere in egual misura interessi e attività. Per questi studenti è normale che i maschi nutrano passioni legate solo a determinati ambiti e lo stesso accade per le femmine; inevitabilmente questo finisce per far maturare in loro l'idea che le eccezioni siano da considerarsi errate o che costituiscano appunto un'anormalità.

Con tale affermazione non si vuole certamente intendere un annullamento delle differenze esistenti tra donne e uomini, ma si sottolinea come essa venga vista non come una valorizzazione dell'essere umano, ma come l'opportunità per determinare categorizzazioni.

L'aspetto che maggiormente si desidera analizzare è però come il pregiudizio di genere influenzi lo studio della disciplina scientifica.

Secondo gli studi condotti in quest'ambito esiste una netta preferenza degli studenti nelle materie scientifiche e delle studentesse nelle materie umanistiche con relativi punti di forza in esse e difficoltà invece nelle opposte; dalle interviste condotte questi dati non vengono confermati. Ciò che però si evidenzia è la effettiva tendenza delle bambine a sottovalutare le proprie capacità, con le dovute eccezioni; molte infatti affermano di non essere probabilmente in grado di realizzare esperimenti, soprattutto se da sole. Quasi tutti i maschietti dunque iniziano le attività e gli esperimenti di fisica con la convinzione che essi saranno in grado di farli, molte delle bambine invece no. È questa la prima vera e grande differenza tra il modo in cui studenti e studentesse si approcciano allo studio della fisica; per molte alunne un approccio che appare segnato da reticenze e forse dalla reputazione che essa sia complessa, ma soprattutto lontana dal mondo femminile. Quest'ultima affermazione riguarda in particolare le alunne della classe 2°, le quali rispetto alle compagne più grandi, sostengono che effettivamente il mestiere dello scienziato sia adatto soprattutto agli uomini. Al contrario, le studentesse della classe 5° non condividono tale idea, ma i maschi sì. Quasi superfluo risulta analizzare le conseguenze che tale radicata idea può avere sui nostri studenti.

Ma per quale motivo gli alunni pensano che lo scienziato sia un lavoro "da maschio"?

Dalle risposte ottenute, le cause possono essere ricondotte a tre macroaree. La prima che emerge è quella dei media, cartoni o più in generale dalla televisione. Gli studenti spesso affermano di vedere che in televisione il ruolo dello scienziato è ricoperto quasi unicamente da uomini e ciò li porta ad effettuare la correlazione precedente. La seconda categoria di risposte si rifà alla concezione stereotipata che gli studenti possiedono dell'immagine maschile e femminile. Essi cioè sostengono che le donne non siano portate per tale mestiere perché ad esempio sono più eleganti e non vogliono sporcarsi, perché hanno paura delle pozioni etc; si tratta cioè di motivazioni legate a pregiudizi che la società dopo giorno infonde nei bambini fin dalla più tenera età, attraverso frasi, giochi, modi di fare. Infine, una terza causa può essere riscontrata nel linguaggio; la lingua italiana infatti è una lingua al maschile, che intende come genere neutro in una discussione il genere maschile. Si potrebbe obiettare che ciò è pur vero anche per gli altri mestieri; eppure nel linguaggio quotidiano è molto raro sentire parlare "del maestro", al contrario si utilizza "la maestra", sottolineando ancora una volta a livello verbale una precisa categorizzazione.

Giunti a questo punto della riflessione, è necessario chiedersi cosa può determinare tale visione nello studio scolastico della disciplina.

Analizzando attentamente il comportamento degli studenti nel corso delle lezioni, ho notato che sia gli alunni sia le alunne hanno lavorato attivamente durante l'esecuzione degli esperimenti. Una delle differenze che è emersa fin da subito invece è stato il grado di partecipazione alle conversazioni comuni; in entrambe le classi le alunne sono intervenute in numero molto minore rispetto ai compagni maschi. È bene ricordare che il numero degli studenti è il doppio rispetto alle studentesse, ma in percentuale quest'ultime hanno avuto un grado di partecipazione decisamente più basso. Solo spronate dall'insegnante esse intervenivano; in particolare nella classe 2° qualora stimolate le alunne prendevano parola con piccoli interventi mirati, nella classe 5° invece qualora stimolate esse si sentivano ben coinvolte, proponendo molte ipotesi e suggerimenti. Tra le spiegazioni di tale comportamento, tre possono essere le possibili risposte. In prima analisi, si può dedurre, principalmente nel caso delle bambine di classe 2°, che esse intervengano in misura minore poiché già condizionate dall'idea che tale disciplina sia prettamente maschile. Una seconda spiegazione deriva dalla bassa autostima che alcune studentesse hanno delle proprie capacità in ambito scientifico, che le porterebbe a non sentirsi all'altezza di comunicare all'intero gruppo classe le proprie idee. Infine, non è da sottovalutare il fattore timidezza, molto più presente nelle femmine rispetto ai maschi e che potrebbe determinare una maggiore riluttanza nell'intervenire.

Ciò che più interessa cogliere in questa analisi è comprendere se le studentesse incontrano davvero maggiori difficoltà nello studio della fisica e in caso affermativo come favorire il loro apprendimento.

In entrambe le classi quasi tutte le alunne ottengono valutazioni positive, ad eccezione di due studentesse, rispettivamente l'una frequentate la classe 2° e l'altra la classe 5°. Dalle precedenti tabelle è possibile osservare che gli alunni che hanno ottenuto i voti più alti sono maschi; a fronte del percorso didattico sviluppato, quest'ultimi hanno partecipato attivamente, hanno proposto ipotesi, idee e collegamenti fra le varie concettualizzazioni. Allo stesso modo però i voti più bassi e di conseguenza le maggiori difficoltà sono comunque da riscontrare negli alunni di sesso maschile.

Soprattutto nella classe 5° sono diverse le alunne che ottengono valutazioni elevate ma durante l'intervista finale nessuno dei compagni nomina una di esse tra i più bravi della classe; è l'ennesima dimostrazione che l'universo femminile è considerato, soprattutto dai maschi, lontano dall'ambito scientifico.

Emerge un fattore molto interessante; durante le attività spiccavano altri studenti che mostravano capacità e abilità sia nella verbalizzazione sia nell'esecuzione degli esperimenti ma essi durante la verifica finale hanno riscontrato alcune difficoltà. Il dato è diametralmente opposto rispetto alle studentesse, molte delle quali intervenivano poco o solo quando stimolate; proprio durante la verifica hanno dimostrato di aver compreso molto bene gli argomenti trattati. Sembra dunque che gli alunni e le alunne dimostrino le loro abilità e conoscenze attraverso canali differenti.

Non sono emerse difficoltà nella trattazione degli argomenti unicamente a carico di un genere ma al contrario le risposte sono state molto varie fra tutti gli alunni. Dunque, piuttosto che evidenziare difficoltà nella comprensione delle tematiche, può essere più opportuno analizzare la percezione nello svolgimento delle attività e dunque comprendere quali strategie didattiche sono apparse più congeniali per i bambini e per le bambine.

Tutti gli alunni dichiarano di voler lavorare in gruppo; dall'osservazione delle attività sostengo inoltre che gli alunni della classe 5° hanno riscontrato maggiori difficoltà nel lavoro di gruppo, dando un'impronta quasi competitiva al lavoro svolto. Ciò potrebbe essere una caratteristica propria degli studenti di questa classe, i dati infatti non sembrano essere riconfermati dai bambini della classe 2°, oppure potrebbe essere la dimostrazione della tendenza maschile a prediligere le attività svolte in modalità di gare. Le attività sono state organizzate in modo da realizzare in alcune lezioni gruppi mono genere e in altre gruppi misti, per osservare il lavoro degli alunni. Durante l'intervista finale, sono soprattutto gli alunni della classe 2° a sostenere di voler lavorare con componenti dello stesso genere; nel momento però in cui viene chiesto loro di descrivere le attività che hanno preferito nessuno degli studenti ha sottolineato la differenza tra i due tipi di gruppi ma le preferenze sono scaturite unicamente dalla curiosità e dall'attrattiva stessa dell'esperimento.

L'atteggiamento assunto dalle studentesse, più che le loro valutazioni complessive, conduce ad una riflessione sulle strategie didattiche da utilizzare per favorire un apprendimento consapevole e duraturo della fisica. È necessario innanzitutto incuriosirle molte, avvicinarle al mondo della scienza e così facendo spingerle ad essere attive partecipi durante le lezioni. Le attività più adatte sono sicuramente quelle in modalità cooperativo; in esse potrebbe essere opportuno assegnare ruoli di importanza alle alunne per favorire una percezione di sé positiva.

Anche per gli alunni sono auspicabili attività in gruppo alle quali però affiancare spesso attività in coppia o in modalità singola per aiutarli ad organizzare il proprio lavoro. Inoltre essi sono maggiormente stimolati dalle competizioni; al termine della attività è certamente utile favorire la verbalizzazione da parte degli alunni, aiutandoli in tal modo ad organizzare logicamente e schematizzare le proprie conoscenze.

Non risulta superfluo sottolineare l'importanza costante di proporre attività pratiche accattivanti che attraggano e stimolino gli studenti. La motivazione è la chiave dell'apprendimento per ogni alunno, è ciò che maggiormente lo spinge ad impegnarsi. Occorre creare le condizioni perché gli alunni, a qualsiasi livello di scuola, avvertano l'amore del sapere, la gioia ed il gusto di imparare. Questo è possibile, se ogni giorno, in ogni momento, in ogni attività, la prima preoccupazione - prima in ordine di tempo e di importanza - è quella di motivare gli alunni.

Conclusioni

Al termine dell'esperienza vissuta, è auspicabile fornire un'analisi conclusiva e completa dei risultati ottenuti.

La metodologia Inquiry ha permesso di ottenere risultati soddisfacenti in entrambe le classi.

In generale, si può affermare che gli alunni hanno tratto beneficio dalle dirette esperienze pratiche, contribuendo alla realizzazione del proprio apprendimento in modo attivo e al passaggio dalla conoscenza comune alla conoscenza scientifica. La maggior parte di essi infatti ha partecipato attivamente, proponendo ipotesi e formulando idee. Tali momenti di confronto sono stati di fondamentale importanza, in quanto hanno stimolato una crescita sia intellettuale che psicologica. Gli alunni hanno dimostrato di saper ascoltare il punto di vista dell'altro, favorendo lo scambio di idee. Certo è che le esperienze pratiche ed in particolare l'iter della metodologia utilizzata (osservazione dati, ipotesi, verifica, collegamenti tra i vari argomenti e valutazione) hanno consentito un alto livello di coinvolgimento degli studenti, spronandoli e motivandoli nello studio. Inoltre, tale approccio ha avuto un alto impatto sugli alunni, generalmente abituati allo studio effettuato prevalentemente con il libro di testo e la metodologia di spiegazione frontale, favorendo un'evidente comprensione ed interiorizzazione delle tematiche. Ciò è avvenuto anche perché gli studenti hanno percepito di aver contribuito attivamente alla costruzione del sapere e non hanno svolto un ruolo passivo. Indubbiamente, l'immediatezza e la semplicità delle attività proposte si sono rivelate adeguate alla comprensione degli argomenti trattati.

Come evidenziato dall'analisi del pre-test, gli alunni hanno iniziato tale percorso a partire dalle proprie conoscenze spontanee, hanno avuto la possibilità di confrontarle, metterle in discussione e rivederle laddove fosse necessario.

Nello specifico, gli studenti si sono approcciati allo studio della forza partendo dall'idea che essa fosse una caratteristica legata al corpo umano, la quale consentisse lo spostamento di oggetti pesanti e legata allo svolgimento di azioni sportive e non in modo esemplare. Al termine del percorso didattico, hanno riformulato nuovi schemi mentali, riflettendo su direzione, cause ed effetti della forza e su come essa sia legata allo stato di moto e di quiete dei corpi.

L'evidente passaggio avvenuto si registra tanto nei bambini della classe seconda quanto in quelli della classe quinta. La principale differenza tra i due gruppi si può riscontrare nelle riflessioni e verbalizzazioni conclusive, le quali sono risultate più articolate negli alunni di classe 5°, come auspicabile. Gli esperimenti condotti però hanno coinvolto in egual misura tutti gli studenti e sono stati compresi dalla quasi totalità di essi, producendo appunto effetti positivi sul passaggio dalla conoscenza comune alla conoscenza scientifica, senza alcuna imposizione da parte del docente.

Nel corso della stesura di tale tesi, l'attenzione è stata particolarmente puntata sulla differenza di genere nella didattica della fisica.

Nella fase di progettazione ho tenuto particolarmente conto di tale variabile, proponendo strategie didattiche che potessero essere adeguate sia all'apprendimento dei maschi che delle femmine.

Chiaramente, l'interesse è stato volto alla valutazione della presenza o meno dello stereotipo di genere negli studenti, attraverso principalmente l'utilizzo delle interviste semi-strutturate, dell'osservazione attenta e dell'analisi dei dati ottenuti. Sono emerse tutte le idee e le concezioni che gli studenti hanno elaborato nella loro, seppur breve, vita. Essi hanno infatti compreso le differenze tra i due generi nella vita quotidiana, chiarendo per linee generali le caratteristiche tipiche degli uomini e delle donne. È inevitabile che tali considerazioni abbiano ripercussioni anche nell'approccio che gli studenti hanno rispetto alle materie scolastiche.

Lo stereotipo di genere agisce proprio attribuendo categorie concettuali a priori al genere maschile e femminile, senza prevedere eccezioni o tenere in considerazione le attitudini dei singoli soggetti.

I mezzi di comunicazione, i film, le pubblicità, i videogiochi, le famiglie continuano ancora oggi, in parte, a veicolare un'immagine fuorviante che promuove nei bambini l'insediamento di tali pregiudizi. Essi, associati ad un atteggiamento ancora troppo patriarcale e maschilista della nostra società, determinano le conseguenze sopra elencate.

La maggior parte degli alunni dunque, soprattutto i più piccoli, sostengono che i mestieri di tipo scientifico siano più adatti agli uomini, generando un effetto a catena che causa essenzialmente un'autostima ridotta in molte studentesse e, genera successivamente, un interesse minore nello studio di tali discipline.

Lo studio condotto in esame durante tale sperimentazione infatti non ha portato all'individuazione di difficoltà specifiche da parte delle studentesse nell'apprendimento degli argomenti proposti; piuttosto ha evidenziato come alunni ed alunne prediligano strategie didattiche differenti per andare incontro a modalità di studio per l'appunto diverse. Ciò vuol dire che, anche nella didattica della fisica, è opportuno tener conto di tale variabile, non solo nella strutturazione di attività che siano alla portata di tutti gli studenti, ma anche e soprattutto nella consapevolezza che attraverso una corretta proposta didattica è possibile abbattere tali stereotipi di genere ed aprire un nuovo orizzonte a tutti gli alunni.

Oggi più che mai la lotta alla disparità di genere inizia tra i banchi di scuola, con il costante supporto delle famiglie. In quanto insegnanti, specialmente coloro che si occupano di materie scientifiche, abbiamo l'obbligo morale di dimostrare ai nostri alunni che le diversità esistenti fra le persone non sono un limite ma una risorsa per affacciarsi al mondo.

Se vogliamo realmente abbattere quel soffitto di cristallo, se davvero vogliamo che la scienza smetta di essere uno di quegli ambiti percepiti a livello globale come un'attività prettamente maschile, è dalla scuola che dobbiamo (ri)partire. È durante le lezioni che dobbiamo impegnarci ad abbattere il muro di pregiudizi che vuole la donna come un soggetto troppo emozionale e non adattato allo studio di materie scientifiche.

Il nostro compito in quanto educatori non deve essere solo quello di mostrare agli studenti l'erroneità di tale affermazione ma garantire loro il diritto di coltivare le proprie passioni e aspirazioni in assoluta libertà.

Allegati

Allegato 1: Protocollo di intervista iniziale

1) Nome, cognome, età, fratelli e/o sorelle
2) Qual è il tuo colore preferito?
3) Qual è il tuo gioco preferito?
4) Qual è il tuo cartone preferito?
5) Cosa vuoi fare da grande?
6) Chi è il tuo migliore amico? Chi è la tua migliore amica?
7) Aiuti la mamma e/o il papà nei lavori di casa?
8) Quali sono secondo te, i giochi che piacciono di più ai bambini? E quali quelli che piacciono di più alle bambine?
9) Descrivi le femmine e i maschi, descrivendo quello che hanno in comune e ciò che invece hanno di diverso secondo te.
10) Qual è la tua materia preferita?
11) Qual è la materia che ti piace meno?
12) Pensi di essere bravo/a in scienze?
13) Hai mai assistito o fatto tu stesso un esperimento di scienze? Ti è piaciuto?
14) Pensi che saresti in grado di replicare uno degli esperimenti che hai visto fare? Se fossero troppo difficili potrebbe anche aiutarti la maestra.

Allegato 2: Protocollo di intervista finale

1) Ti sono piaciute le lezioni di fisica?
2) Qual è stata la lezione/l'esperimento che ti è piaciuta/o di più?
3) Qual è stata la lezione/l'esperimento che ti è piaciuta/o di meno?
4) Quali sono le difficoltà che hai incontrato?
5) Hai preferito lavorare in gruppo o da solo?
6) Hai preferito lavorare con i maschi o con le femmine o con entrambi?
7) Pensi di essere migliorato e di aver fatto un buon lavoro?
8) Chi pensi sia stato/a il/la più bravo/a in queste lezioni?
9) Ti piacerebbe fare altri esperimenti?
10) Pensi che lo scienziato/il fisico sia più un lavoro da maschi o da femmine?
11) A cosa serve secondo te studiare la fisica?

Allegato 3: Pre/post test sulle conoscenze

1) **Nel linguaggio scientifico, un corpo può essere:**

    o Un oggetto
    o Una persona
    o Un animale

2) **Che cosa significa che un corpo è in stato di quiete?**

    _____
    _____
    _____
    _____
    _____
    _____

3) **Lo spazio e il tempo sono due grandezze che ci servono per descrivere il moto**

    o Vero
    o Falso

4) **Cos'è la forza?**

    _____
    _____
    _____
    _____
    _____
    _____

5) **A cosa serve la forza?**

    o Serve a modificare lo stato di quiete e di moto dei corpi
    o Serve a spostare solo gli oggetti pesanti
    o Serve a deformare i corpi
    o Serve a cambiare la direzione dei corpi

6) Elenca i tipi di forze che consci

_____
_____
_____
_____
_____

_____

7) Descrivi alcune situazioni in cui applichi una forza

_____
_____
_____
_____
_____

_____

8) Cosa succede ad un oggetto se su di esso applichiamo una forza?

   o L'oggetto si muove
   o L'oggetto cambia forma
   o L'oggetto diventa più pesante
   o L'oggetto si ferma

9) Immagina di lanciare con la stessa forza un pallone da basket e un Super Santos. Quale tra i due si ferma prima?

_____
_____
_____
_____

_____

10) Collega il sostantivo al significato corretto

| peso | | È una caratteristica propria dei corpi |

| massa | Non è una caratteristica propria dei corpi, ma dipende dalla forza di gravità |

11) L'attrito è una forza che rallenta il movimento dei corpi

- ○ Vero
- ○ Falso

12) Immagina di lanciare una pallina in una superficie in cui non c'è attrito: quando si fermerà?

- ○ Si ferma subito
- ○ Continua a muoversi
- ○ Si ferma dopo circa 30 minuti

Allegato 4: Scheda di verifica intermedia

Gli effetti della forza	Si	No	Non lo so	Esempi
La forza può far muovere i corpi				
La forza può fermare un corpo				
La forza può generare calore				
La forza può far cambiare direzione ai corpi				
La forza può deformare i corpi				
La forza cambia la velocità di un corpo				
La forza comporta un passaggio di stato della materia				

Allegato 5: Chek-list

INDICATORI	SI	NO
Competenza cognitiva		
1.1 Utilizza il linguaggio scientifico		
1.2 Realizza tabelle in cui inserisce correttamente i dati raccolti		
1.3 Esegue diversi esempi pratici di applicazione di una forza		
1.4 Indica in modo pratico gli effetti di una forza su un corpo		
1.5 Distingue ed elenca le superfici con minore e maggiore attrito		
1.6 Propone diverse ipotesi e motiva il proprio ragionamento		
1.7 Realizza rappresentazioni grafiche della forza, includendo la direzione e il punto di applicazione		
1.8 Utilizzare l'unità di misura corretta in base alle varie grandezze utilizzate		
1.9 Verbalizza le difficoltà incontrate e le motiva		

Competenza socio-relazionale	SI	NO
2.1 Condivide il materiale scolastico con i compagni		
2.2 Rispetta i turni di parola		
2.3 Presta attenzione alla spiegazione dell'insegnante		
2.4 Ascolta le soluzioni proposte dai compagni seppur diverse dalle proprie		
2.5 Interagisce in modo costruttivo con i compagni		
2.6 Condivide un'esperienza comune con la classe		
2.7 Aiuta i compagni in difficoltà durante l'esecuzione di un esperimento		
2.8 Collabora nel micro-gruppo per la soluzione del problema		
2.9 Comprende il proprio ruolo all'interno del micro-gruppo		
3.1 Partecipa attivamente alle lezioni		

Bibliografia

Adamson, L.B., Foster, M.A., Roark, M.L., & Reed, D.B. (1998). *Doing a Science Project: Gender differences during Childhood.* Springer

Adruey Azoulay (2019), *L'Oréal-Unesco for Women in Science*, p 8

Bombelli, M.C. (2000). *Soffitto di vetro e dintorni. Il management al femminile*, Milano, Etas,

Burman, D. D. (2008a). "Gender Differences in Language Abilities: Evidence from Brain Imaging", *ScienceDirect.*

Burman, D.D. (2008b). "Boys' and girls' brain are different: Gender differences in language appear biological". *Science Daily.*

Burman, D.D., Bitan, T., & Booth, J.R. (2008). "Sex differences in neural processing of language among children", *ScienceDirect.*

Cahill, L. (2005). "His brain, her brain". *Scientific American.*

Cappuccio (2003). Il metodo di attivazione dello sviluppo professionale e personale, in G. Zanniello [a cura di] *Didattica orientativa* [pp. 53 86], Napoli: Tecnodid.

Cappuccio, (2009). La saggezza nella formulazione del progetto professionale, in A. La Marca [a cura di] s*Saggezza e adolescenti. Una sfida educativa*, pp. 65 79. Roma: Armando.

Cappuccio, (2014). Disciplinary orienting at school, In 8^{Th} *International Techology, education and development conference,* pp. 1496-1503, IATED, Valencia.

Calvo Charro, M. (2009). *Desafios y perspectivas de la metodologia por géneros en la escuela*, Roma: Armando.

Cavallin, F. (2009). Apprendimento e differenza di genere. *Rivista Quadrimestrale di Scienze della Formazione e Ricerca Educativa,* 2, 97-114.

Chiesi, M. & Musolesi, C. (2007). "Linee guida per la gestione e lo sviluppo del capitale umano in un'ottica di genere", *I Quaderni di Gelso*, n. 13, Edizioni 31, Trieste.

Chiosso G. (2018). *Studiare Pedagogia. Introduzione ai significati dell'educazione*. Firenze, Mondadori Università.

Compagno, G., & Di Gesu', F. (2013). *Neurodidattica, lingua e apprendimenti. Riflessione teorica e proposte operative*, Roma: Aracne.

Cooper, S. (2009). Good pedagogical practices in single-sex education. In A. La Marca [a cura di], *L'educazione differenziata per le ragazze e i ragazzi. Un modello di scuola per il XXI secolo* (102-110). Roma: Armando.

D. Allasia & Montel, V. & Rinaudo, G. (2003). *La fisica per maestri,* Torino, pp. 9, 10.

D. Llewellyn (2002), *Inquiry Within: Implementing Inquiry-based Science Standards*. Corwin Press, Inc. Thousand Oaks, California.

Donati P, (2007), *L'identità maschile e femminile: distinzioni e relazioni per una società a misura della persbona umana,* Memorandum, pp. 12, 75-94

Dwyer, C.A., & Johnson, L.M. (1997). Grades accomplishments, and correlates. In W.W. Willingham &N.S. Cole (Eds), *Gender and Fair Assestement* (127-156). Mahwah, NJ: Laurence Erlbaum.

Farenga, S.J., & Joyce, B.A. (1999). Intentions of Young Students to Enroll in Science Courses in the future: An Examination of Gender Differences. *Science Education, 83*(1), 55–75.

F. Cambi (2002), "Criteri per la costruzione curricolare", in (a cura di), *La progettazione curricolare nella scuola contemporanea,* Roma, Carocci Editore, p. 75.

Feingold, A. (1994). Gender differences in personality: a meta-analysis. *Psychological Bulletin, 116,* 429-456.

Ferrotti C., (2015) *Differenza di genere a scuola, una ricerca con gli insegnanti,* Roma: Aracne.

Fischer, L. (2003). *La sociologia della scuola*. Bologna: Il Mulino.

Gurian, M. (2006). Una opciòn por la diversidad. In E. Vidal (Ed.), *Diferentes, Iguales, Juntos. Education diferenciada.* Barcelona: Ariel.

Howell, P., Davis S., & Williams, R. (2008). Late childhood stuttering. *J Speech Lang Hear Res,* 5/ (3), 669-87.

Hymowitz, C., Schellhardt, T.D. (1986) "The Glass Ceiling: Why women can't seem to break the invisible barrier that blocks them from the top jobs", *The Wall Street Journal,* 24 Marzo, p 1.

James, A.N. (2009). *Teaching the female brain. How girls learn math and science,* Corwin Press, Thousand Oaks.

Johnston, S. (1984). Girls Need a science Education Too. *Australian Science Teachers Journal, 30* (2), 18-23.

Kessels U., Hannover B. (2008), When being a girl matters less: accessibility of gender-related self-knowledge in single-sex and coeducation classes and its impact on student's physiscs-related self-concept of ability, *British Journal of Educational Psychology,* 78, 273-289.

Kimura, D. (2000). *Sex and Cognition,* MIT Press, Cambridge.

Kolb, B., & Whisha, I.Q. (2001). *An introduction to brain and behavio.* New York: Worth Pubblisher.

Kyriacou, C. & Goulding, M. (2006). *A systematic review of strategies to raise pupil's motivational effort in Key Stage 4 mathematics.* London: EPPI Centre, Institute of Education.

La Marca, A. (2009), *L'educazione differenziata per le ragazze e per i ragazzi. Un modello di scuola per il XXI secolo.* Roma: Armando Editore.

La Marca, A. (2007a). *La valorizzazione delle specificità femminili e maschili. Una didattica differenziata per le alunne e per gli alunni.* Roma: Armando Editore.

Linn, Davis, & Bell, (2004); Internet Environments for Science Education, Lawrence Erlbaum Associates.

Matilde, V. & Mayer, M. (1999), *Didattica della fisica,* pp 11-60.

Mazzara, 1997, *Stereotipi e pregiudizi,* Il Mulino, pp. 15, 19.

Mildner, V. (2008). *The cognitive neuroscience of human communication.* New York: Lawrence Erlbaum Associates.

Pinker, S. (2007). *The stuff of thougt.* London: Allen Lane.

P. Mazzoldi, M. Nigro & C. Voci (2007), *Elementi di Fisica,* Napoli: Edises, Seconda edizione, pp. 5-6, 48-61.

R. W. Bybee, An instructional model for science education, in *Developing Biological Literacy* (Biological Sciences Curriculum Study, Colorado Springs, CO, 1993.

R. Hawkey (2001), "Innovation, inspiration, interpretation: museums, science and learning", *Ways of Knowing Journal,* 1(1).

Ramundo, A. (2019). *Donne e scienza, La fisica in Italia è un mestiere per soli uomini,* www.dire.it/12-02-2019/295398.

Rubin Andrea (2018), *Donne e scienza: si può abbattere il soffitto di cristallo?,* www.rivistamicron.it.

Ruble, D. (1993). The role of gender-related processes in the develepment of sex diferences in self evaulation and depression. *Journal of affective Disorders,* 29, 97-128.

Sax, L. (2005). *Why gender matters: What parents and teachers need to know about the emerging science of sex differences.* New York: Doubleday.

Schizzerotto, A., & Barone, C. (2006). *Sociologia dell'istruzione.* Bologna: Il Mulino.

Sicurello, R. (2015), *Le differenze di genere a scuola Aspetti didattici e relazionali,* Napoli: Tecnodid.

Stein E., (1957) *Formazione e vocazione della donna,* Corsia dei Servi, Milano [Edizione originale nel 1953].

Stewart, J.A. (1991). Why Don't Girls Study Mathematics and Physical Science? *Australian Science Teachers Journal, 37* (3), 18-23.

Stoet G., Lawas K., O'Connor D.B., & Conner M. (2013), Are woman better that men at multitasking? *BMC Psychology,* 1, (1): 18, doi: 10.1186/2050-7283-1-18.

Sommer, I.E., Aleman, A., Somers, M.P., & Kahn, R.S. (2008). Sex differences in handedness, asymmetry of the Planum Temporale and functional language lateralization. *Brain Research, 1206,* 76-88.

Taurino, (2005), *Psicologia della differenza di genere,* Carocci, p. 53.

Zaidi Z. F. (2010), Gender Differences in Human Brain. A Review, *The Open Anatomy Journal,* 2, 37-55.

Zanniello, G. (2010a). Insegnare ad apprendere al maschile. In L. D'Alonzo & G. Mari (Eds.), *Identità e diversità nell'orizzonte educativo. Studi in onore di Giuseppe Vico* (355-374). Milano: Vita e Pensiero

Zanniello, G. (2009a). Il genere come nuova prospettiva dell'agire educativo. In A. La Marca (Ed.), *L'educazione differenziata per le ragazze e per i ragazzi. Un modello di scuola per il XXI secolo.* Roma: Armando.

Zanniello, G. (2007b). *Maschi e femmine a scuola. Le differenze di genere in educazione,* Torino: SEI, p 3-21.

Ringraziamenti

Questo spazio lo dedico alle persone che, con il loro supporto, mi hanno aiutato durante il mio percorso accademico.

In primis, ringrazio il mio relatore Claudio Fazio, per la pazienza, precisione e meticolosità dimostrata in ogni step della realizzazione del mio elaborato. Grazie per la fiducia che ha riposto nelle mie capacità.

Grazie ad ogni tutor ed insegnante che mi ha accolto nelle proprie classi; ognuno di voi mi ha insegnato qualcosa.

Grazie alle mie colleghe, con le quali ho condiviso le mie giornate universitarie. Grazie per le ore di studio passate insieme, per le risate, per i pianti, per gli abbracci che non sono mai mancati. Vi voglio bene.

Grazie alla mia famiglia, ad ogni zio, zia, cugino e cugina: la diversità è ciò che più ci contraddistingue e ci rende unici.

Grazie a mio padre che non perde mai occasione per rincordarmi di essere fiero di me. Il tuo supporto è stato una fonte a cui aggrapparmi.

Grazie a mia madre, per l'esempio di tenacia e forza che ogni giorno mi dimostra. Grazie per aver sostenuto la mia scelta e avermi permesso di giungere fin qui.

Ci tengo particolarmente a ringraziare singolarmente le migliori amiche.

Grazie a Caterina, per tutte le volte che mi hai soccorso e non ti sei mai tirata indietro. La tua infinità bontà è quello che più ti contraddistingue e, anche se so che non te lo dico mai abbastanza, ti voglio bene.

Grazie a Federica, per il modo incredibile con cui ogni giorno mi dimostri il tuo affetto. Non potrò mai ringraziarti abbastanza per tutto quello che sei e che fai per me. Il nostro rapporto è unico e sono onorata di essere tua amica. Sei la mia stella.

Grazie ad Ilaria, perché nonostante la distanza, sai sempre dimostrarmi il tuo amore. Sei una delle persone più belle che io conosca.

Grazie a Maria Elena, per la tua pazzia e dolcezza. Grazie perché sai capirmi senza aver bisogno di parlare. Non so cosa ci riserverà il futuro, ma affrontarlo insieme sarà meraviglioso.

Grazie a Roberta, per essere la mia migliore amica. Per anni ho cercato un posto che fosse realmente "casa" per me, solo per accorgermi che quel posto sei tu.

Grazie a tutti gli amici che, seppur lontani, mi sono sempre vicini.

Grazie a chi purtroppo oggi non potrà esserci; il dolore non andrà mai via realmente, ma tutto quello che abbiamo condiviso è custodito gelosamente nel mio cuore.

Grazie a mio fratello, per non essere stato solo un fratello ma molto di più. Grazie per avermi sempre sostenuta e guidata ma soprattutto grazie per avermi sempre fatta sentire amata.

Per concludere, un grazie alla persona senza la quale non sarei qui adesso.

Ho scelto il mio percorso di vita guardandoti, sognando di poter essere un giorno come te. Tu che non sei stata soltanto la mia maestra, ma che sei costantemente la mia Magistra vitae. Adesso continuo a guardarti e mi rendo conto che non potremmo essere più uguali e diverse di così. Grazie per l'esempio che sei stata. Grazie per ogni abbraccio reale e per ogni bacio virtuale. Grazie per avere sempre creduto in me, anche quando io non l'ho fatto. Quello che oggi sono, e quello che spero di diventare in futuro, è per te.

www.ingramcontent.com/pod-product-compliance
Lightning Source LLC
Chambersburg PA
CBHW071354290426
44108CB00014B/1544